Volker Schoßwald

„Wer bin ich?" Bonhoeffer,

Zeitgenosse und Seelsorger . . .

Auf der Suche nach einer Identität

Schwabach, 2017

Denen gewidmet, die von Bonhoeffer gelernt haben, der Komplexität der Welt ins Auge zu schauen und aus dem Glauben heraus zu differenzieren statt in Schablonen zu denken und zu reden und zugleich in der Komplexität das Leben zu lieben und vor allem die Lebenden zu lieben.

1	Was bewegt dieses Buch?	4
2	„Aus grauer Städte Mauern..."	8
3	Der familiengeschichtliche Hintergrund	25
4	1906: Bonhoeffers Jahrgänger	36
5	Nach 1918: die neue Theologie	51
6	Wo sind die Speichen?	60
7	Bonhoeffer als Seelsorger	78
8	Finkenwalde: Der Seelsorgelehrer	90
9	Zeitgenossen in Bonhoeffers Kontext	108
10	Theologen *1906: Ernst Käsemann und Karl Steinbauer	126
11	Pfarrersein als Widerstand	139
12	„Wer bin ich?" Auf der Suche nach einer Identität	159
13	Anhang: Barmen und der ganz Andere	164
14	Statt eines Nachworts: Die Hölle und die Teufel	193
	Literatur	199

TWENTYSIX – Der Self-Publishing-Verlag Eine Kooperation zwischen der Verlagsgruppe Random House und BoD – Books on Demand
© 2017 Schoßwald, Volker (Text und Bilder)
Herstellung und Verlag:
BoD – Books on Demand, Norderstedt.

ISBN 9783740729981

1 Was bewegt dieses Buch?

Als ich begann, dieses Buch vorzubereiten, hatte ich vor allem Bonhoeffer als Seelsorger im Blick und dabei seinen Hintergrund, der auch von den preußischen Junkern geprägt war. Eine fremde Welt...

Doch die erneute Beschäftigung mit seiner Biographie führte mich an den Punkt, wo ich erschreckende, im ganz ernsten Sinne mich erschreckende Parallelen zur bundesdeutschen und europäischen Gegenwart wahrnahm. Was sich ganz offensichtlich spätestens seit 1930 in Deutschland abspielte, hatte Entsprechungen zu dem, was uns die Medien über unsere Gegenwart vermitteln. Die Faschisten, die sich in der AfD gruppierten, wurden plötzlich mehrheitsfähig und damit für machtorientierte Politiker anderer Parteien interessante Partner. Die Faschisten sind wieder salonfähig für die, die kein Gewissen haben, sondern den Sinn ihres Lebens im machtpolitischen Erfolg sehen.

Als in Bayern beheimateter Bürger weiß ich, dass vordergründige Bekenntnisse zu Menschenwürde und Demokratie für keine Inhalte stehen, sondern lediglich für Opportunität. Neue Bundesländer wie Sachsen sind anscheinend außen vor, weil die Kommunisten als ethische

Rechtsnachfolger der Nazis christlich geprägte menschliche Werte ausradierten. Wir stehen in der BRD auf wackeligen Beinen. Meine Offenheit gegenüber Zuwanderern und Flüchtlingen bekommt Risse, wenn ich wahrnehme, dass mit diesen Menschen auch antidemokratische Einstellungen und massive Fremdenfeindlichkeit in relevanter Größenordnung immigrieren.[1]

In Bonhoeffers Geschichte erkennen wir Parallelen und realisieren erschreckt, wie kurz der Weg der Nazis zur Macht war. Die Wahlergebnisse nach 1931 / 2017 ließen sich nicht prognostizieren. Wir wissen nicht, was die AfD in der BRD noch erreicht, nachdem wir mit der DDR einen kompletten undemokratischen Staat „integrierten" und dies auch mit einer wachsenden Zahl von demokratiefremden Immigranten machen. Das ist anders als bei Bonhoeffer, aber die Dynamik könnte ähnlich sein. Wieviel „Juden" wählten Hitler und wähnten sich bei ihm auf der besseren Seite.

---

[1] Ob „Türken" den Despoten Erdogan wählen oder „Russen" den Diktator Stalin und als seine Wiedergeburt Putin verehren – wohlgemerkt, jeweils in der BRD ansässige Menschen, oder Asylbewerber sich gegenseitig ob ihrer Herkunft / Religion verachten und anfeinden – oder die Dänen die volle Gültigkeit der Menschenrechte auf Dänen beschränken wollen, geht in dieselbe problematische Richtung.

„Nur die allergrößten Kälber – wählen ihren Schlächter selber..." hieß es. Problematisch wird es, wenn die Menge dieser Kälber machtpolitisch entscheidend wird. Den vernünftigen Bonhoeffers war 1930 völlig klar, dass dies nicht passieren würde. Hitler? Völlig unwählbar – so würde es die Mehrheit der Deutschen sehen. Nein, die Mehrheit der Deutschen sah es nicht so... und Jahrzehnte später wurde in den USA ein Donald Trump zum Präsidenten gewählt, den die Europäer nur als Witzfigur wahrgenommen hatten.

Bei meiner neuerlichen Bonhoefferlektüre erlebte ich etwas Merkwürdiges: Ich erwartete und hoffte parallel zu Zeitgenossen Bonhoeffers, dass sich die Vernunft und die christliche Ethik durchsetzen würden. Das erwartete ich bei jedem Schritt der faschistischen Eskalation, obwohl mein geschichtliches Wissen eindeutig war. Ich konnte die Bonhoeffers gut verstehen: So schlimm kann es gar nicht werden, dazu sind die Menschen zu vernünftig... Aber es wurde so schlimm.

So bleibt für mich die Frage: Gibt es die Speichen, in die wir fallen müssen?

In die Zeit meiner intensiven Beschäftigung fiel das 500. Reformationsjubiläum. Es war geprägt durch eine ganze

„Luther-Dekade", wobei der Personenkult verbal abgelehnt wurde, aber durchgehend praktiziert. Das Fazit am 31. Oktober 2017[2] war ziemlich eindeutig: Es gab ganz viele gute und erfolgreiche Veranstaltungen, aber sie blieben weit hinter den Erwartungen an Aufmerksamkeit in der nichtkirchlichen Öffentlichkeit zurück. In Luthers Stammland wurde die rassistische und faschistische AfD zur stärksten Partei und die Mitglieder der evangelischen Gemeinde seiner Geburts- und Todesstadt Eisleben machten gerade mal 6% aus. Das ist deutschlandweit noch lange nicht so, aber die Christen bewegen sich auf unter 50% zu. In meiner Wirkungsstadt Nürnberg verlieren wir derzeit etwa eine Pfarrstelle (bezogen auf Mitglieder) pro Jahr. Die feste Burg „christlicher Gott" ist zu einer Playmobilfestung geschrumpft, vertreten durch einen Playmobil-Luther (das bisher meistverkaufte Modell dieser Firma!). Bonhoeffers Ankündigung eines **religionslosen Zeitalters** mag differenziert betrachtet nicht zutreffen, aber ein **kirchenloses Zeitalter** ist es durchaus geworden.

Die Nürnberger Nachrichten, eine große regionale Zeitung mit einem Chefredakteur, der Mitglied der evangelischen Landessynode in Bayern ist, widmete ihre

---

[2] Ich schreibe dies genau an diesem Tag!

Zeitung vom 31.10.2017 zwar dem Reformationsjubiläum, konnotierte es aber dezidiert dadurch, dass auf der Titelseite prangte: „Halleluja oder lieber Halloween?" und „Weil viele lieber Halloween feiern, präsentieren wir die gruseligsten Orte der Region".

Aber gehen wir aus diesen Fragen der Gegenwart zurück in die Vergangenheit, schauen wir erst einmal zu Bonhoeffers Anfängen.

2 „Aus grauer Städte Mauern..."

Als ich mir überlegte, wann ich zum ersten Mal bewusst etwas von Dietrich Bonhoeffer mitbekam, irritierte mich die Berechnung, dass ich seinerzeit seiner Lebenszeit näher war als ich heute meiner eigenen Jugend bin. Durch die Generation meiner Eltern ragte Bonhoeffer noch ein Stück in mein Leben hinein.[3]

Ein Saal unserer Auferstehungskirche in Schweinfurt, 1959 eingeweiht, hieß „Dietrich-Bonhoeffer", neben dem klassischen „Johannes-Bugenhagen-Saal"[4]. Auch andere Säle waren nach WiderstandskämpferInnen benannt. Das

---

[3] Zum Konzept dieses Buches gehören Facetten, die mit Bonhoeffers Lebensgeschichte nichts zu tun haben, aber dieses Buch erden, da es assoziativ den Alltag einbringt.

[4] Johannes Bugenhagen erstellte die erste Schweinfurter Kirchenordnung

war mein Kontext. Heute merke ich, dass für die Generation meiner Eltern und meines jungen Ortspfarrers Dietrich Bonhoeffer eine Orientierung bot.

Für meinen Vater, Jahrgang 1927 war Jungvolk und Hitlerjugend einschließlich der Lektüre von „Mein Kampf"[5] selbstverständlich und begeisternd, meiner Mutter, Jahrgang 1924 gefiel die Arbeit beim RAD[6]. Der Krieg wurde als schlimm erlebt, der Zusammenbruch des „Dritten Reiches" aber von einem erheblichen Teil dieser Generation als Katastrophe, in der sie das Fundament ihres Lebens im Sinne einer weltanschaulichen Basis verloren. „Heil Hitler!" bedeutete ja wirklich „Heil" auch im emotionalen Sinn. Mein Vater notierte in seinem Kriegstagebuch, als er vom Tod Hitlers (natürlich ein Heldentod fürs Vaterland) hörte, seine Erschütterung, aber auch sein unerschütterliches Festhalten am Führer und seiner Sache, für die er

---

[5] Dieses Buch ist geprägt durch eine Leidenschaft gegen den Faschismus und seinen Tentangeln. Wer nüchterne Darstellungen mehr liebt als leidenschaftliche Darstellungen, kann in Wikipedia surfen. da gibt es tolle Infos ohne allzu viel Herzblut. „Liebes Wikipedia, danke für deinen vielen Infos! Ich habe immer wieder davon profitiert, weil ich mich darauf verlasse, dass sie stimmen!"

[6] Die Mitgliedschaft beim BDM hatte ihr mein Großvater als überzeugter Demokrat verboten. Der Vater meines Vaters kam aus Hitlers Heimat Oberösterreich und aus dem sozialen Nichts, in dem sein Vater Anfang der 20er Jahre an Unterernährung im Armenhaus starb. Er gehörte zu Hitlers zentraler Zielgruppe.

weiterkämpfen wollte. Das änderte sich in den nächsten Tagen und Wochen. Aber woran sollte er sich als junger Mann orientieren?

Die deutschen Klassiker kamen in Frage und mit der Zeit auch die Kirche als eine Institution der innerlichen Orientierung. Wer aber war diese Kirche? Wer aber war der Gott, um den es dort ging? Wer war der Heiland, wenn Adolf Hitler es nicht war?

In diese Zeit nach dem Zusammenbruch fiel seine Entscheidung für den Beruf, die Partnersuche, die Familiengründung und dann die Wohnung, in der das Familienleben stattfinden sollte. Für viele junge Familien hieß dies „Neubaugebiete". Ein neuer Stadtteil entstand und war bevölkert mit Arbeiterfamilien, Großteils „Landflüchtlingen", die aus dem Umland nach Schweinfurt zogen und tatsächlichen Flüchtlingen, die aus den Ostgebieten kamen. Die Straßennamen waren häufig nach reichsdeutschen Städten wie Liegnitz oder Breslau benannt.

Im neuen Ortsteil wurde eine Kirche gebaut, die Auferstehungskirche[7]. Eine neue Gemeinde formte sich, viele junge Väter oder Mütter engagierten sich und wollten

---

[7] Das hängt nicht mit „Auferstanden aus Ruinen" zusammen, wie man denken könnte.

eine Zukunft für ihre Familie mitschaffen. Das Gebäude war nur über große Freitreppen zu erreichen[8], im Erdgeschoss befanden sich die Gemeinderäume – dass Kriegsversehrte, die gehbehindert waren, die Gottesdienste nicht besuchen konnten, nahm der optisch geniale Architekt Olaf Gulbransson mitsamt der Mehrheit der Entscheidungsträger in Kauf.

Ein Gemeinderaum war nach Dietrich Bonhoeffer benannt. Das war natürlich eine inhaltliche Entscheidung. Der junge Gemeindepfarrer Dr. Johannes Thomas[9] passte gut dazu. Bei Dietrich Bonhoeffer ging es ja nicht nur um den Widerstand gegen die Nazi-Diktatur, den er mit seinem Leben bezahlte, ihm ging es auch im Christsein außerhalb der Bourgeoisie. Und hier, im Arbeiterviertel, hätte er sich seine Arbeit gesucht, wenn er hier eine Stelle bekommen hätte. Es war das, was er in New York erlebt und gelernt hatte: Jesus gehört in die Welt, in der das Evangelium nicht aufgrund von Bildung und Herkunft ankommt.

Mit dieser Gemeinde sind wir nahe an Bonhoeffers kirchlichen Interessen, die sich bildeten, bevor er erkannte,

---

[8] Natürlich gab es „Kriegsversehrte", aber die hatten zu Gott leider keinen Zugang...
[9] Er hatte nachhaltig die Loslösung dieser jungen, quasi explodierten Gemeinde vom äußert Traditionellen Mutterstadtteil Oberndorf betrieben.

dass der Kampf gegen das gigantisch Böse zu bestreiten war. Wenn wir Bonhoeffer als Pfarrer und Seelsorger wahrnehmen wollen, müssen wir in die Welt des Proletariats hinein, wie man früher sagte, oder in die Gesellschaft der einfachen Arbeiter.

Bonhoeffer kommt aus der High-Society. Das gilt sowohl für die schwäbische Bonhoefferlinie, die, obwohl ursprünglich aus den Niederlanden stammend lokalpolitisch stets ein gewichtiges Wort mitzureden hatten wie auch für die mütterliche von-Hase-Linie aus der Welt der Professoren.

Obwohl im Elternhaus politisch informiert aufgewachsen sozialisierte sich der Junge fern des Proletariats. Robert Liebknecht machte wenige Jahre vor ihm in Berlin Abitur, als sein Vater, der Arbeiterführer Karl von Rechtsradikalen 1919 ermordet wurde. Dietrich muss dies mitbekommen haben, aber das Thema „Proletariat" ging wohl an ihm vorüber. Seine Brüder schienen hier wacher zu sein und wurden auch durch die Familie mit ihren äußerst starken Bindungen nicht auf eine bestimmte Richtung eingeschworen.

Bethge notiert nur, dass Walter Rathenau am 24.6.22 ermordet wurde und Bonhoeffer als Oberprimaner die tödlichen Schüsse im Klassenzimmer hörte[10]. Heute ist sein damaliges Grunewald-Gymnasium die Walther-Rathenau-Schule.

2.1 New York

Um für sozialkritische Themen zu erwachen, musste Dietrich erst in die USA. Auch dort brachte ihn nicht ein waches politisches Bewusstsein zu den Brennpunkten, sondern eine ausgeprägte Neugierde, Lebensbereiche, die ihm eigentlich verschlossen waren, kennenzulernen.

Als Bonhoeffer in New York war und kirchliche Kreise im schwarzen Harlem intensiv kennenlernen durfte, war Chuck Berry gerade mal drei Jahre alt; dieser schrieb dann in seinen Lebenserinnerungen, was es hieß, als Mensch aufzuwachsen, der vielleicht nicht wirklich ein Mensch war, sondern etwas, was noch darunter stand. Ich weiß auch nicht, was der Vater von Donald Trump damals machte, der ja zum Ku Klux Klan gehörte. Aber für ein Niederreißen der Rassenschranken wird er nicht eingetreten sein.

Bonhoeffer schien nicht nur keine Berührungsängste zu haben, sondern er integrierte sich, soweit es ging, ins gottesdienstliche Leben einer schwarzen Gemeinde in Harlem.

---

[10] Bethge S.57

Als Jugendlicher las ich ein Jugendbuch zum Krieg aus den Zwanzigern[11]: Josef Magnus Wehner, „Sieben vor Verdun". Haften blieb in meinem Gedächtnis die Schilderung, wie affenartige Wesen heimtückisch unsere Soldaten angegriffen und töteten. Damit beschrieb Wehner afrikanische Soldaten im französischen Heer. Jenes Buch war seinerzeit weitverbreitet und die dahinterstehende Sicht der Menschen ebenfalls. Wenn also Bonhoeffer in einer schwarzen Gemeinde mitarbeitete, musste er einen alternativen Zugang zum Menschsein haben, für den „andere" und in gewisser Weise „fremde" Menschen zugleich Brüder und Schwestern waren.

Mein Pfarrer der Auferstehungskirche mit dem Dietrich-Bonhoeffer-Saal wusste, dass seine Gemeinde in der Nähe einer großen US-Kaserne lag. So stellte er den Kontakt her. Wir konnten zwar nicht wie Bonhoeffer nach Harlem reisen, aber zu uns in die Gemeinde kamen in den sechziger Jahren evangelische Christen aus der Kasernen. Es waren Baptisten und sie waren schwarz. Für uns als Kinder

---

[11] Mein Vater versteckte solche Bücher nicht vor mir, sondern ließ sie mich lesen und dann allerdings auch reflektieren. In diesem Falle reichte die bisherige Erziehung bereits, um von den Bewertungen den Autors abgestoßen zu sein, obwohl die Spannung ausreichte, das Buch bis zum Ende zu lesen. Deutlich weniger spannend, aber wesentlich folgenreicher war die Lektüre von „Mein Kampf", die ich mir dann in der Oberstufe vornahm.

wirkten sie vor allem deshalb fremd, weil sie eine andere Sprache sprachen, aber der Pfarrer machte uns klar, dass sie auch zu einer evangelischen Gemeinde gehörten und damit verband uns etwas. Das gemeinsame Singen auch von US-Volkslieder habe ich immer noch im Ohr.

Hier wurde Bonhoeffers Erbe umgesetzt – zu einem Zeitpunkt, wo Altersgenossen von Bonhoeffer durchaus in der Gesellschaft mitredeten. Es war also nicht das Erbe eines alten Mannes, sondern ein quasi zeitgleiches. Wenig später wurde Martin-Luther King ermordet und damit aus Sicht von uns Kindern einer von uns.

1930[12] hielt Bonhoeffer auf Kuba[13] eine Weihnachtspredigt über die Geschichte, in der Moses ins gelobte Land schauen kann. Bonhoeffer nahm Bezug auf Arbeitslosigkeit und Rassismus. Dieser Text lag auch der letzten Ansprache von King zugrunde, der bekannte: „Ich habe das gelobte Land gesehen…", damit ein Land ohne Rassengrenzen meinend[14].

Bonhoeffer ahnte 1930 nicht, dass in seinem Heimatland gerade die Weichen in die Gegenrichtung gestellt wurden,

---

[12] Martin-Luther King war noch kein Jahr alt (*15.1.29)
[13] Jahrzehnte von Fidel Castro und Che Guevara, aber schon in den Zeiten einer Diktatur (Gerardo Machado y Morales).
[14] „Ich bin auf dem Gipfel des Berges gewesen", 3. April 1968, in „Testament der Hoffnung", S.107ff.

in einer Radikalität, Brutalität und Menschenverachtung, an die die US-amerikanische Rassentrennung allenfalls punktuell kam. Für Bonhoeffer empfing durch die Zeit in Harlem einen unglaublichen Impuls, der später in Deutschland, in Berlin Wirkung zeigte.

Trotz der schwierigen Rahmenbedingungen vor allem zwischen 1914 und 1930 schilderte Eberhard Bethge Kindheit und Jugend von Dietrich Bonhoeffer eher idyllisch, vor allem durch den Familienzusammenhalt in einem meist gutsituierten System getragen.

Die USA, Afrika und das ersehnte Indien lagen noch in weiter Ferne, als die Brüder Bonhoeffer Deutschland per Pedes erkundeten.

An der aktuellen **Jugendbewegung**, nahm Dietrich nur sehr begrenzt teil, mit einer Episode bei den Pfadfindern. Die Wandervogelbewegung mit ihrem Zupfgeigenhansl und dem sich ausbreitenden Jugendherbergswerk[15] erreichte nur in ihren Ausläufern die Familie. Wenn Dietrich zur Zupfgeige griff und entsprechende Lieder sang, wird auch bei ihm die emotionale Saite zur Schwingung gekommen sein. In den Erzählungen meiner etwas älteren Großmutter

---

[15] Zum zeitgeschichtlichen Hintergrund siehe auch V. Schoßwald, „Rekrut am Rande eines Völkermords" mit diversen Perspektiven bezüglich der Jugendkultur Anfang des Jahrhunderts.

von ihrer Wandervogelzeit spielte bei aller Romantik auch die Horizonterweiterung eine Rolle sowie der Rückgriff auf die Tradition der Walz, die es ja bei Akademikern so nicht gab: „Den soll man als Gsell erkennen oder gar ‚nen Meister nennen, der noch nirgends ist gewest, nur gesessen in sein'm Nest."[16]

Bonhoeffers sozialer und kultureller Background ermöglichte ihm viel mehr als den meisten seiner Altersgenossen. Studium in Rom, USA-Aufenthalt, London... Wer erlebte sonst so etwas? Einer meiner Urgroßväter beispielsweise, ein Müller in Pfungstadt bei Darmstadt war auf die Walz gegangen, immerhin bis Budapest – und dabei viel gelernt. So ermunterte er seine Kinder: Einer ging nach Frankreich, einer nach England und eine Tochter nach Italien. Trotzdem blieb dies die Ausnahme, mit einer großen Ausnahme wiederum: Viele Männer sammelten Auslanderfahrungen im Krieg. Das galt schon für die knappe Generation vor Bonhoeffer im ersten Weltkrieg[17] und auch für Bonhoeffers Generation im zweiten Weltkrieg.

---

[16] „Aus grauer Städte Mauern…"
[17] Hier verweise ich noch einmal auf „Rekrut am Rande eines Völkermords", bei dem nicht die Kriegshandlung im Vordergrund steht

Der Aufenthalt in den USA war nicht einer der primären Träume von Bonhoeffer. Lieber wäre er nach Indien gereist und hätte Gandhi getroffen. Aber die USA-Zeit prägte ihn nachhaltig.

Seine sozialkritischen Gedanken brachte er konstruktiv in seine berufliche Weiterentwicklung ein. Dass er in einer Negergemeinde aktiv mitwirkte, zeichnet ihn schon als „Weltbürger" aus, der sein Zeitgenosse Albert Einstein ganz bewusst sein wollte. Oh, schrieb ich gerade „Negergemeinde"? Habe ich das Unwort mit „N" gebraucht? In meiner Bonhoefferbiographie finde ich es auch und ich halte es nach wie vor für sinnvoll, in Deutschland mit dieser Begrifflichkeit zu operieren. Das Problem ist schließlich nicht, dass wir ein lateinisches Wort für „Schwarz" zugrundlegen, sondern wie wir damit umgehen. Egal, welcher Begriff heutzutage politisch correct ist. Entscheidend ist doch, in welchem Ton ich über Mitmenschen rede. Bei „Black is beautiful" taucht eben das englische Wort für „niger" („black") auf. Anders wäre es mit Begriffen, die zunächst abwertend sind und dann auf Personen übertragen werden – beispielsweise von den Nazis

---

– für abenteuerlustige Helden war dies eher langweilig –, sondern die Begegnung mit einer anderen Kultur.

auf „entartete" Kunst.[18] Eindeutig abwertend und ohne neutralen Kontext ist „Nigger" im US-amerikanischen. Darin steckt bereits Menschenverachtung. John Lennons Song „The woman is the nigger of the world" darf den Begriff beinhalten, weil er die Diskriminierung thematisiert.

Bonhoeffer reagierte auf die Menschen selbst, und nicht auf deren Hautfarbe oder entsprechende Bezeichnung.[19] Freilich kam er aus einem Elternhaus, das sich im Rassenwahn nur schwer behaupten konnte, weil sein Vater immerhin Psychiater Nummer Eins im Reich war.

Das war er schon vor der „Machtergreifung. Nach dem „Dritten Reich" erklärte er, immer gegen Hitler gewesen zu sein, schon weil seine Fachkollegen sich über dessen Pathologie eindeutig geäußert hätten. Das macht die Sache natürlich noch problematischer: Wenn die Fachleute in der Hauptstadt nicht in der Lage sind, einen psychisch als

---

[18] Die Notiz entstand vor 24.9.17, an dem faschistoide Abgeordnete ins deutsche Parlament einzogen. Inzwischen äußere ich mich vorsichtiger, um mich von den menschenverachtenden Barbaren mit 13% Stimmen der Wähler deutlichst zu unterscheiden ohne gleichzeitig den Irrtum zu unterstützen, dass eine bereinigte Sprechweise das Problem beseitigen würde.
[19] Als ich in den 80ern Freunde im Cameroun besuchte und wir eine Hausangestellte in einen schwarzen Stadtteil in Duala brachten, rief man uns „abgekratzte Schweine" nach. Es irritierte mich, nach meiner Hautfarbe beurteilt und dafür verurteilt zu werden. Wir waren ganz schnell aus der Gegend verschwunden!

pathologisch einzustufenden Mann als Regierungschef des Landes zu verhindern, wer dann? Heute denken wir da auch an Mister Trump. Bei Erdogan, Putin, Assad und Co. liegt die Sache anders, weil sie inzwischen in keinen demokratischen Strukturen mehr operieren. Freilich kann man sich angesichts der Erfolge der AfD fragen, ob es nicht auch ein pathologisches Wahlvolk geben kann.

Karl Bonhoeffer hatte einen „jüdischen" Schwiegersohn und musste im Zusammenhang mit „geistigen Behinderungen" lebenswertes und nicht-lebenswertes Leben unterscheiden. Für jemanden, der die Medizin für eine objektive Wissenschaft hält, muss dies furchtbar sein.

Gehen wir noch einmal zurück in Bonhoeffers Zeit in den USA. Dort war er eben auch als Deutscher präsent. Das schien noch relativ unproblematisch, wenn er als jemand, der die Theologie von Karl Barth über den Ozean transportiere, auftrat. Was aber, wenn man ihn als Deutschen ansprach auf das, was sich in Deutschland gerade tat? Bonhoeffer war keineswegs auf der Höhe der tagesaktuellen Zeit und konnte das auch kaum sein, weil die Entwicklung im Deutschen Reich rasant verlief.

Er setzte sich gegen negative Darstellungen von Deutschland wortgewaltig zur Wehr. Deutschland wurde als unzivilisiert und barbarisch skizziert. Dem konnte er eine andere Skizze entgegen halten und sie auch untermauern. Aber später musste er seinen amerikanischen Freunden zerknirscht, reumütig und deprimiert gestehen, dass die Deutschen nachträglich die US-Skizze bestätigt hätten – und aus heutiger Sicht: bestimmt auch noch übertroffen. Das deutsche Barbarentum von 1938-45 konnte gar nicht so plastisch vorweg genommen werden.

Freilich habe ich selbst Ende der 60er Imperialismusvorwürfe gegenüber den USA vor allem von den deutschen Linken mitbekommen, die ich für übertrieben hielt, welche die Bush-Regierungen aber voll bestätigten. Selbst wenn heutzutage angesichts von Donald Trump die Bushs moderat erscheinen mögen: Sie haben Kriege willentlich und mit Lügen herbei geführt[20].

Ich erinnere mich durchaus noch an die Lektüre von „Ich war gern in My Lai". In seinem autobiographischen Buch meinte William Calley: „Ich war gerne in Vietnam. Ich wusste, ich kann hier getötet werden, aber ich konnte auch mehr erleben als in Amerika. Denn in Vietnam musste ich immer voll dabei sein". Natürlich ist echtes Killen ein

---

[20] Die spätere Kanzlerin Merkel zeigte sich willfährig. Kanzler Schröder bewies im Irak-Konflikt Charakter. Da wies die US-Regierung Deutschland der Axe of Evil zu. Auf die US-Paranoia ist eben Verlass.

besserer Thrill als virtuelles. Gut, dass der Leutnant nicht heute kämpfen muss, denn da läuft die Realität virtuell ab, d.h. reales Sterben der Opfer, virtuelles Töten der Militärs – oder sollte man sagen „Mörder"? Soldaten als Mörder zu bezeichnen ist in der BRD durch die Meinungsfreiheit und den BGH gedeckt, aber auch in den USA?

Ich las es als junger Mann und war kaum schockiert. Dazu war mir das, was ich las, zu realitätsfern. Ich konnte es mir einfach nicht vorstellen, dass die Emotionslosigkeit der US-Soldaten Realität war. Heute sehe ich es anders.

Ich konnte mir allerdings auch nicht erklären, warum Gandhi bei den Briten erfolgreich war, Bonhoeffer und andere Kritiker des „Dritten Reiches" bei den Deutschen hingegen nicht. Es wäre mir unangenehm, mir die Wahrheit eingestehen zu müssen, dass die Deutschen einfach ein unterentwickeltes Moralgefühl hatten.

Wenn ich jedoch an Paul Althaus, Werner Elert und Konsorten denke, dann weicht mein Nicht-Verstehen einer unglaublichen Wut mit Gewaltphantasien: Es waren deutsche Theologieprofessoren, die den Rassenwahn politisch proklamierten im Ansbacher Ratschlag, also nach der Barmer Theologischen Erklärung. Sagen wir es einmal so: Von Jesus hatten Althaus und Co keine Ahnung. Das lässt sich zwar durch ihre Schriften wie auch das Zeugnis von Zeitgenossen widerlegen, aber durch ihre Politik belegen. Es ist beschämend, dass solche Menschen nach 1945 wieder die Jugend verführen durften. Althaus hat noch in den 50er-Jahren in seinem weitverbreiteten Römerbriefkommentar (NTD) die Todesstrafe theologisch legitimiert. Nach meiner Ansicht gibt es kein lebensunwertes Leben, aber durchaus lehrunwürdige Lebensgestalten.[21]

2.2 Berlin

„Aus grauer Städte Mauer…" steht für den Ausbruch aus der Provinzialität. Aber ist ein Berliner in den zwanziger

---

[21] Natürlich weiß ich, dass ich dadurch seiner Familie und seinen Nachkommen sehr nahetrete. Aber für diese gilt keine Sippenhaft! Es gibt ein Lernen nach dem Unheil! Nicht nur bei der Familie von Will Vesper.

Jahren, heute oft als die „goldenen Zwanziger" bezeichnet, überhaupt provinziell?

Beim jungen Dietrich Bonhoeffer hat man den Eindruck, dass er in einem sehr offenen Elternhaus aufwuchs. Aber die Kontakte durch die Familie gehörten doch eher zur High Society. Im Berlin der 20er Jahre tauchen Namen auf, die im Zusammenhang mit Dietrich Bonhoeffer fehlen.

Bei der Bücherverbrennung geht es auch um Bücher Berliner Autoren. Kurt Tucholsky und Erich Kästner wären zu nennen. Wusste er von der Existenz der „Weltbühne"? Erich Kästner brachte seinen „Fabian" heraus mit einer pessimistischen Anthropologie. Gerade dieser Autor beliebter Kinderbücher entschied sich explizit gegen eigene Kinder, weil diesen seine Welt nicht zuzumuten wäre.[22] Kästners unmoralischer Moralist Fabian ist „ohne Ethik" wie Bonhoeffers „Mensch" offenbar eigentlich „ohne Religion" existiert.

Hatte Bonhoeffer von Erich Mühsam gelesen? Der Ex-Revolutionär aus München war seit 1924 wieder in seiner Heimatstadt. Beteiligt an der Novemberrevolution in München machte er seinen Weg über den Kommunismus

---

[22] Er wurde später tatsächlich Vater. Aber in seinem Lebensentwurf war dies nicht stimmig.

zum theoretischen Anarchisten. 1934 brachten in die Nazis um.

Erfuhr Bonhoeffer von Carl von Ossietzkys Enthüllungen über die deutschen Aufrüstungspläne?

Berlin war komplex…

3 Der familiengeschichtliche Hintergrund

In Bonhoeffers Herkunftsfamilie(n) tauchen erlauchte Namen auf. Manche werden freilich erst dann erlaucht, wenn man ein bisschen nachforscht. In Zeiten von Wikipedia ist das durchaus spannend (bis unterhaltsam in einsamen Winternächten).

Manche erlauchten Namen gehören nicht genetisch zur Familie, sondern zum engeren sozialen Umfeld. Das wird vielleicht dann interessant, wenn man sich überlegt, welchen Umgang unsere Vorfahren hatten. Meine können nicht mithalten, auch nicht, wenn der Vater Deutschlands Psychiater Nummer Eins war, an der Charité und der Urgroßvater mütterlicherseits national bekannter Kirchengeschichtler.

Beginnen wir mit den Vorfahren seiner Mutter: Urgroßvater August von Hase schrieb diverse Werke, interessant vielleicht auch heute noch schon vom Titel her: „Ideale und Irrtümer".

Seine Schwiegertochter wurde immerhin von Clara Schumann und Franz Liszt unterrichtet. Da kann ein lokal durchaus angesehener Musiklehrer wie Herr Trunte in Schweinfurt nicht mithalten, auch wenn er mich die Flötentöne lehrte. Clara von Hases jüngere Schwester avancierte gar zur Hofdame, womit man immerhin zum Hofe Beziehungen hatte.

Ihr Vater Stanislaus Graf von Kalckreutz, ein Kunstmaler gründete gar die Kunstschule zu Weimar und Bilder von ihm finden wir in der Münchner Pinakothek, wenn auch nicht bei Avantgarde.

Claras Gatte Karl Alfred von Hase erklomm nicht die Höhe seines Vaters, war aber wichtig an dessen (familiärer) Aufarbeitung beteiligt. Ironisch könnte ich sagen: Man hielt ihn sich als Familienpfarrer auch in den desinteressieren Zweigen. Bei dieser Ironie würde mir Dietrich, der von ihm getauft wurde, vermutlich zustimmen. Als Theologe sah er dies durchaus kritisch. Diese Aufgabe als „Familienpastor für häusliche Kasualien" erbte dann sein Sohn Hans von Haase (1873-1958), dessen Lebensdaten sich dann mit meinen bereits überschneiden.

Zwar erreichte Karl Alfred nicht den Bekanntheitsgrad seines Vaters, aber interessanterweise war er Burschenschaftler und als solcher 1824f. auf dem Hohenasperg gefangen. Wir erleben ihn also als einen, der sich heraus wagte.

Von den Personen, zu denen er eindrückliche Kontakte hatte, nenne ich Blumhardt, Dahn und Goethe. Während er mit letzterem über seine Italienreise plauderte (1830), pflegte er mit dem nationalen Historiker Dahn in Breslau freundschaftlichen Umgang. Theologisch am herausragendsten ist die Begegnung mit Blumhardt, zu der ein soziales Evangelium passt und ein Weg mit Offenheit über die konventionelle lutherische Kirche hinaus.

Karl Alfred von Hase schrieb eine Familienchronik, in der sein Vater wichtig war. Die Bonhoeffers belächelten diese Fixierung auf die Familie.[23] Allerdings stellte ich diese bei den von Kleists auch massiv fest. So erscheint bei jedem Familientreffen eine dicke aktuelle Liste aller lebenden von Kleist-Retzows.

Vater Karl Bonhoeffer machte nicht gerade den Eindruck eines Revoluzzers, auch wenn er sich geistige Freiheit

---

[23] Bethge S.29

vorbehielt. Familiengeschichtlich treffen wir bei seinen Vorfahren auf andere Kaliber.

Von wegen „aus grauer Städte Mauern"... Ein holländischer Ahn wanderte 1513 von den guten Höfen aus Nimwegen in Schwäbisch Hall ein, van den Boenhoff... Die Integration dieses Migranten gelang offenbar hervorragend, denn unter Dietrichs Vorfahren finden wir 78 Ratsherren in Schwäbisch Hall. Die holländischen Migranten scheinen recht gut angekommen zu sein; einer meiner Vorfahren, Henricus van Hout aus Niederweerth war nur einer von drei holländischen Männern meiner Vorfahrin Margarethe. Um 1700 eingewandert gründete er eine Familie, deren Nachfahren dann nach ihm „Heinrichs" genannt wurden. Man findet sie unter den Gründern des deutschen Zweiges des niederländischen Unternehmens „SPAR".[24] Soviel zum Thema „Migration" bei den Vorfahren.

Spannend wird es auch, als Dietrichs Großvater Friedrich Julie Tafel heiratete, eine Frau Jahrgang 1842. Sie hatte einen Onkel namens Gottlob, der seinerzeit 1824 im Knast saß, als umtriebiger Burschenschaftler der damals

---

[24] 1952, Hammerschlag, Limburg

revolutionären nationalen Ideen. Den Nationalisten ging es damals um Grenzöffnungen, nicht um Mauerbau! Er saß übrigens mit einem gewissen Karl August von Hase im Knast. Der später renommierte Theologe machte sich von der gemeinsamen Haft Notizen. Gottlob Tafel hatte nämlich inhaftierte Brüder – also entweder eine Familie mit krimineller Energie oder couragierte Bürger. Die vier Brüder nannte man den „wilden", den „wüschte" (schwäbisch für wüst), den „schönen" und den „frommen". Gottlob war der „wilde". Es erinnert mich durchaus an Fritz Teufel, der am 2. Juni 1967 während der Proteste gegen den persischen Schah verhaftet wurde, während zeitgleich ein Berliner Polizist den unbeteiligten Passanten Benno Ohnesorg erschoss. Herr Teufel sollte damals, wie es vor Gericht üblich war, sich erheben. Wir vergessen in diesem Zusammenhang lieber, dass es eine personelle Kontinuität von Richtern von 1933 bis 1967 gab und ein Richter, der den Treueeid auf den Führer Adolf Hitler geschworen hatte, 1967 einen Angeklagten verurteilen durfte. Als seinerzeit der Richter Herrn Teufel[25] aufforderte, sich zu erheben,

---

[25] Die Namensgleichheit mit dem baden-württembergischen Ministerpräsidenten Erwin Teufel ist Zufall. Dass dessen Vorgänger Hans Filbinger jedoch Richter in der Nazi-Zeit war und darüber später den Satz erbrach: „Was damals rechtens war, kann heute nicht Unrecht

reagierte dieser – wohlgemerkt gehorchend! und sich dadurch von so manchen Faschisten unterscheidend – mit der lakonischen Bemerkung „Wenn's denn der Wahrheitsfindung dient." Am 22. Dezember 1967 wurde Teufel freigesprochen. Schweigen wir lieber darüber, dass sich die Juristen nach 1945 gegenseitig freisprachen.

Gehen wir von Teufel zurück zu Tafel. Gottlob Tafel wurde wegen demokratischer Frevel angeklagt. Zu seinem Untersuchungsrichter sagte er (laut K.A.v.Hase): „Nun, Herr von Prieser, Sie haben uns ans Messer geliefert. Sie werden dafür gewiß eine rechte Karriere machen...." Auch kein schlechtes Wort, fast so wiederholungswürdig wie das von Fritz Teufel.

Gottlobs Nichte Julie war wohl von ähnlichem Holz. Wie Fritz Teufel (1943-2010) lebte sie in Berlin, jedoch deutlich vor diesem. Dietrich Bonhoeffer erlebte seine Großmutter hautnah und es wird ihm unter die Haut gegangen sein, als er ihre Zivilcourage mitbekam. Im April 1933 blockierte die SA (kurz bevor ihr geliebter Führer ihr den Garaus machte

---

sein." übergehen wir ebenso wie dass der CDU-Politiker Öttinger im Europaparlament eine wichtige Rolle spielt und zugleich die Integrität von Filbinger betont. Die Opfer von Filbingers Todesurteilen an „Deserteuren" nach der Kapitulation könnten sich im Grabe umdrehen. Aber wenn das so wäre, hätte man in den Jahrzehnten nach 45 Deutschland als Erdbebengebiet markieren müssen.

und seinen Duzfreund Ernst Röhm umbringen ließ[26]) das renommierte KdW, Kaufhaus des Westens.[27] „Kauft nicht bei den Juden!" hieß damals die Parole, so wie in unserem Jahrzehnt in der BRD von türkischstämmigen Moslems die Parole ausgegeben wird: „Kauft nicht bei Gülen-Anhängern!". Die deutschen Anhänger der faschistoiden Erdogan-Regierung bringen Phänomene aus der Nazi-Herrschaft wieder in unser Land, während ihr „Führer" Erdogan gleichzeitig Deutsche als Nazis beschimpft. Dietrich Bonhoeffer verschlief seinerzeit den Paradigmenwechsel. Das sollte uns heute als Kirche wie als Gesellschaft nicht noch einmal passieren.

Juli Tafel, Dietrichs Großmutter, seinerzeit 91 Jahre alt, zeigte 1933 Zivilcourage. Sie schritt durch die blockierenden Reihen der SA hindurch ins Kaufhaus und kaufte ein. Das war ein echtes Zeichen. Soviel müssten wir heute auch noch zu Stande bringen.

---

[26] Ernst Röhm, Stabschef der SA war schwul. Er gehörte zu den vier Duzfreunden von Hitler. Sollte Hitler etwa schwul gewesen sein? Mir persönlich ist es egal, aber mir politisch nicht, denn Hitler vernichtete ja nicht nur Juden in den KZ, sondern außer etwa „Zigeunern" auch „Schwule".
[27] Adolf hieß der Gründer jenes Kaufhauses. Adolf Jandorf trug jedoch zudem den Vornamen „Abraham", was die Nazis dazu trieb, auch sein Geschäft zu boykottieren. Er war 1932 unter großen Ehren bestattet worden, aber Witwe und Sohn Harry mussten fliehen, als das erfolgreiche Kaufhaus arisiert wurde.

Gehen wir zur Generation unter ihr, also zum Ehepaar Bonhoeffer. Immerhin schrieb sich Karl Bonhoeffer im Lebensrückblick (nach 1945!) auf die Fahnen, in seiner Abteilung in der Charité kein Hitlerbild aufgehängt zu haben. In seiner Erinnerung war er der einzige und sein Nachfolger ließ dann eine überdimensionierte Hitlerbüste aufstellen.

Es ist nicht so einfach, Karl Bonhoeffer aus seinem Blickwinkel nach 1945 mit der Zeit davor in Übereinstimmung zu bringen. Ein Widerstandkämpfer war er offenkundig nicht. Aber er war das patriarchalische Oberhaupt einer Familie, in der viele Widerstandkämpfer waren, die ihren Widerstand mit dem Leben bezahlten und dadurch besonders glaubwürdig machten.

In seinen Erinnerungen schreibt er, dass Hitler für ihn immer unwählbar war, schon weil er aus Kollegenkreisen um seine psychopathologische Einschätzung wusste. Es würde allerdings auch schon der akademisch abschätzige Blick auf den Proletarier ausreichen.

Hitler zu verachten sagt noch nichts über das eigene Wertebild aus. Der in der BRD als Widerstandkämpfer hochgejubelte Oberst Claus Schenk Graf von Stauffenberg, der wirklich sein Leben einsetzte und verlor!, war keineswegs ein Vorkämpfer für die Demokratie. Das schmälert nicht sein Verdienst, verbietet aber eine Vereinnahmung für eine demokratische Gesellschaft. Dass er sich nach 1945 anders entwickelt hätte, wäre eine realistische Möglichkeit. Dazu passt die Stellungnahme seines Enkels Karl Schenk Graf von Stauffenberg zu Äußerungen aus der AfD[28]: „Als Enkel eines Widerstandskämpfers und deutscher Patriot empfinde ich es unerhört, dass sich Herr Gauland auf einen Mann bezieht, der von Menschen ermordet wurde, deren vermeintlicher Bezug auf eine deutsche Kultur große Unmenschlichkeit in die Welt gebracht hat."[29]

Ein mit Bonhoeffers befreundeter Heidelberger Psychiatrieprofessor beschrieb K. Bonhoeffer als einfühlsamen Psychiater, der aber Freud und ähnlichen Psychoanalytikern kritisch gegenüberstand. „Er kam aus der Wernickeschen Schule[30], deren Orientierung sich immer am Gehirn vollzog und die Loslösung vom hirnpathologischen Denken nicht gestattete..." „Die theoretische Deutung dessen, war *hinter* dem Beobachteten im Unbewußten lebte

---

[28] Manchen duftet diese Partei nach NSDAP und wirkt wie ein Forum, sich analog zum Dritten Reich zu äußern.
[29] 18.9.2017
[30] Wernicke hatte Karl Bonhoeffer ernsthaft gesagt: „Lesen Sie keine psychiatrische Literatur. Das macht nur dumm..." S122

und ins Bewußtsein vorstieß, lag seiner Veranlagung nicht." Er „blieb in den Grenzen der empirischen Welt, die ihm zugänglich war."[31] Hier verhielt sich sein Sohn Dietrich in seinem theologischen Bereich anders. Neue Erfahrungen bewegten ihn zu einer neugieren Öffnung in Bereiche, die seinem Konzept nicht entsprachen.

Der Vater wird von Bethge als zeitlich abwesend, aber durch seine Dominanz präsent gezeichnet. Die skizzenhaften Ausführungen über Karl Bonhoeffer lassen jedoch Analogien zu seinem Sohn erkennen. Zu Lebzeiten von Dietrich scheint sich dieser jedoch geistig unabhängiger entwickelt zu haben als sein Vater, der einem abgetrennten Wissenschaftsbild anhing, das gesellschaftliche Wirklichkeiten immer wieder ausblendete. Das betrifft beispielsweise die Stellungnahme zur Sterilisation von Menschen, über die das Diktum „lebensunwertes Leben" ausgesprochen worden war oder zum angeblichen Brandstifter des Reichstags. Karl Bonhoeffers Stellungnahme hatte einen eminent politischen Kontext, den er nicht einbaute. Sich auf medizinisch erhebbare Fakten reduzierend unterließ er eine angemessen ganzheitliche Würdigung, die in seinem Lebensrückblick immerhin

---

[31] EB S.44 (übrigens kam auch Sigmund Freud als der Hirnpathologie)

anklingt. Im Familienkreis wusste er wohl prägnant zu differenzieren.

Dietrich Bonhoeffers Lebensrückblick wiederum setzte bereits in der Nazi-Haft ein, obwohl er bis fast zum Schluss mit Freilassung rechnete. In diesem Rückblick gewann er neue Einstellungen. Sie hatten teilweise schon im Widerstand begonnen und in der Überlegung, dem Rad in die Speichen fallen zu müssen.

Die Mutter beschrieb Bethge seinerzeit als konstruktiv und durchsetzungsfähig. Sie praktizierte zur Förderung der Kinder „Home-Schooling". Darauf werden wir in der ostpreußischen Phase Bonhoeffers im Kontakt von Frau von Kleist-Retzow noch einmal stoßen.

Wie ihr Mann Karl wird sie – ohne, dass der Begriff fällt – als einfühlsam gezeichnet, wobei diese Einfühlsamkeit sich wohl kaum verbalisiert zeigte als vielmehr dadurch, dass Vater und Mutter oft wussten, worum es ging.

Was am Rande notiert werden kann, ist, dass er eine Zwillingsschwester hatte, praktisch am Anfang seines Lebens nie allein war und mit ihr sich auch verstand und Geheimnisse hatte. Sabine heiratete Gerhard Leibholz, der sich jedoch angesichts der Nazi-Investigationen als Jude zu erkennen geben musste. 1938 entschlossen sich die Eheleute zur Emigration nach London. Dietrich nutzte die Gelegenheit, seinen Schwager Leibholz als Berater bei Bischof Bell zu positionieren.

Auf diesem vom Großvater abgesehen wenig von fundierter Theologie geprägten Hintergrund fand Dietrich Bonhoeffer zu seinem Studium. Freilich vermutet E. Bethge, dass er damit ein Absetzen vom Vater und den großen Geschwistern, die alle sehr erfolgreich waren, vollzog und er seinen eigenen Erfolgsweg gehen konnte. Soweit zu gehen, dass hier ödipale Regungen mit einflossen (gegen die Welt des Vaters, für den Hintergrund der Mutter), wäre aber doch übertrieben.

4 1906: Bonhoeffers Jahrgänger

Um ein Gefühl für Bonhoeffers Zeit zu entwickeln, ist es aufschlussreich, zu sehen, was aus bekannten Menschen seines Jahrgangs wurde. Die folgenden Personen (nur drei Frauen!) wurden alle 1906 geboren und sind hier nach ihrem Todesjahr aufgelistet. Das zeigt, zu welcher Zeit Bonhoeffer nach seinem Tod generationsmäßig gehörte. Die Nazi-Verbrecher habe ich größtenteils ausgespart. Da konnte es ja gut sein, dass jemand 1946 zum Tode verurteilt wurde, dann zu lebenslänglich oder 25 Jahren begnadigt wurde und wenige Jahre später wieder entlassen wurde, wie seinerzeit Adolf Hitler aus Landsberg. Nach vollstrecktem Todesurteil gibt es keine Begnadigung mehr! Aber Begnadigte können gnadenlos bleiben, wie dieser Herr Schicklgruber[32] aus Braunau.

So früh wie er starb keiner aus dieser Auswahl: **Klaus Mann**, dem Sohn von Thomas Mann. Sein Onkel Heinrich schrieb 1918 den „Untertan", den der 06er-Jahrgänger Wolfgang Staudte dann 1951 verfilmte. Als Hitler Reichskanzler wurde, engagierte Klaus sich politisch beim neugegründeten Kabarett „Die Pfeffermühle". Sein Roman „Der fromme Tanz", in dem Homosexualität eine Rolle spielte, gehörte zu den Büchern der Bücherverbrennung. Klaus Mann[33] verstarb 1949.

Adolf Eichmann überlebte Bonhoeffer um fast 20 Jahre. Wenn nicht hartnäckige Kämpfer für Gerechtigkeit den feige nach Argentinien abgetauchten Obernazi gefunden hätten, hätte er sein Todesjahr 1962 noch locker überleben können. Empörend ist, dass sich nicht einmal die israelische

---

[32] Sein Vater Alois Schicklgruber nahm den Namen Hitler an, um eine Erbschaft zu erhalten. 1885 heiratete Alois Hitler eine Nichte zweiten Grades, Klara Pölzl. Den dafür nötigen Dispens erhielt er durch ein päpstliches Parere.
[33] Schwager von Gustav Gründgens, dem „anpassungsfähigen" Theaterstar.

Regierung (Ben Gurion) für seine Festnahme stark machte, geschweige denn die deutsche Bundesregierung unter Konrad Adenauer, die Enthüllungen über enge Mitarbeiter des Kanzlers befürchtete. Adolf Eichmann war für die systematische Deportation und Ermordung der „Juden"[34]. Seine Erhängung 1962 blieb die einzige Hinrichtung in Israel nach einem Prozess.

Immerhin bis 1975 lebte **Hannah Arendt**, eines der zahllosen Opfer des nationalsozialistischen Regimes. Ihre Arbeit über den Faschismus machte Schule. Sie wohnte als Reporterin für den New Yorker dem Prozess gegen Eichmann bei. In „Eichmann in Jerusalem" sprach sie von der „Banalität des Bösen". Das brachte ihr viele Gegner ein, aber es war eine perfekte Formulierung. Sie erklärte, dieser Schreibtischtäter, sei nicht Macbeth. Ihre Formulierung trifft zielgenau: Wie viele banale Angestellte agieren böse und verschanzen sich hinter ihrer „Weisungsgebundenheit".

---

[34] Es geht hier um Millionen von deutschen Bürgern. Dass Hitlers Ariernachweis nicht erstellt wurde, weil ausgerechnet zu diesem Zeitpunkt die Dokumente verbrannten, könnte zur Vermutung führen, dass er selbst zu der Personengruppe gehörte, die er ausmerzen wollte. Hätte er doch nur auf das Diktum gehört, dass der, der die Welt verbessern will, bei sich selbst anfangen soll. Der blutbefleckte Generalgouverneur von Polen, Hans Frank hatte die Unterlagen vor dem Verschwinden eingesehen und machte beim Nürnberger Prozess weitgehende Andeutungen.

Ebenfalls 1975 starb **Josephine Baker**. Die Tänzerin mit den Bananenröckchen aus den USA feierte ihre großen Erfolge in Paris und Berlin in den 20er Jahren. Wahlbeheimatet in Frankreich unterstützte sie die Resistance. In den 50ern trat sie für die US-Bürgerrechtler ein und adoptierte plakativ zwölf Waisenkinder mit unterschiedlichen Hautfarben.

Wer denkt bei Bonhoeffer an den griechischen Reeder **Aristoteles Onassis**, der ebenfalls 1975 verstarb und durch seine Frau Jacky (*1929) dann auch noch John F. Kennedy (*1917)[35] ins Spiel bringt. Kapitalismus, Jet-Set und Kalter Krieg sind die Stichworte, die diese Namen begleiten.

Auch der spätere Regierungschef der UdSSR **Leonid Iljitisch Breschnew** gehört zu Bonhoeffers Jahrgängern. Nach einer stetigen militärischen Karriere im „großen vaterländischen Krieg" wurde er von Chruschtschow

---

[35] Ich werde es nie vergessen: Am 23.11.63 ging mein Vater nach dem Aufstehen ins Erdgeschoss, holte wie üblich die Tageszeitung aus dem Briefkasten und rief durchs ganze Haus: „Bärbel, der Kennedy ist tot!", mit einer Stimme voll Unglaubigkeit, mit einer Spur von Ratlosigkeit. Das Surreale blieb bis heute, denn all meine Recherchen zu Kennedys Tod durch die Jahrzehnte (bei Bobby Kennedy lasen wir es an einem Frankfurter BILD-Zeitungskasten) erzeugten ein ganz tiefes „Mißgrauen" gegenüber dem US-Staat, dem ich einen Präsidentenmord immer mehr zutraute, je mehr ich miterlebte. Im Oktober 2017 wollte Präsident Trump mit schonungsloser Offenheit die Akten von damals veröffentlichen, aber wie gewohnt wurden unter Berufung auf die „Sicherheit des Landes" brisante Teile zurückgehalten.

protegiert und war an dessen Erfolg oder Mißerfolg gekoppelt.

Ein Jahr nach Kennedys Tod setzte die politische Führung im Kreml Chruschtschow ab und damit geriet auch Breschnew vorübergehend ins Abseits. Doch bald nach Chruschtschows Abtreten ernannte man Breschnew zum neuen Erster Sekretär des ZK der KPdSU. 1966 nannte er sich dann „Generalsekretär" und griff damit einen Titel auf, den Stalin von 1922-52 trug. Nachhaltig prägt sein militärisches Eingreifen in Afghanistan bis heute die weltpolitischen Geschicke.

In seine Verantwortung fällt allerdings die gewaltsame Unterdrückung des Prager Frühlings 1968 und die Einschränkung der Souveränität der Satellitenstaaten.[36] Er verstarb 1982.

---

[36] Auch dies gehört zu schon zu meinem biographischen Kontext: Anfang 1968 fuhr unsere Familie von Österreich nach Prag und dann nach Deutschland. Mein Vater lobte die neue Politik in der Tschechoslowakei von Alexander Dubcek. Von Prag ging es zu einer Familienfreizeit im Fichtelgebirge. Da gab es plötzlich Andachten für die Ereignisse in der Tschechoslowakei, weil die Russen einmarschiert waren. Eine Gruppe fuhr zur nahen Burg Hoheneck, um hinüber zu schauen – einige Teilnehmer stammten aus dem Sudetenland. Mein Lieblingssong wurde trotzdem „Moscow" von „The Wonderland" und ich hörte auf die Beatles mit „Revolution": „You wanna chance the world – we all wanna chance your mind…"

Fast 40 Jahre nach Bonhoeffer starb der NS-Arzt **Horst Schumann**. Er hatte 1932 den H-Eid[37] abgelegt. 1939 bewarb er sich erfolgreich zum Direktor der NS-Tötungsanstalt Grafeneck.[38] Schuhmann führte unmenschliche Experimente in Auschwitz durch, beispielsweise durch intensive Bestrahlung von Hoden und Eierstöcken mit grauenhaftem Leiden. Ziel war eine effektive Sterilisierung. Nach dem Krieg tauchte er unter und wurde erst 1996 in Ghana verhaftet und ausgeliefert. Da der Arme jedoch unter hohem Blutdruck litt, wurde das Verfahren 1972 eingestellt. Die dubiosen ärztlichen Atteste führten zwar zu einem Justizskandal, aber ohne Folgen für den braunen Verbrecher.

Im ominösen Jahr 1984[39] verstarb **Wolfgang Staudte**. 1930 synchronisierte er den Soldaten Kemmerich in „Im Westen nichts Neues"; dieser Film nach dem Roman von Remarque beeindruckte bald auch Bonhoeffer in den USA.

---

[37] Hitler statt Hypokrates
[38] Seine Kollege Werner Kirchert hatte dies abgelehnt. Kirchert verfügte bereits über das einflussreiche Kommando an der Nervenklink der Berliner Charité. Dort war Karl Bonhoeffer nach seiner Emeritierung noch vertretungsmäßig im Amt. Kirchert, maßgeblich an Euthanasiemaßnahmen beteiligt, lebte noch bis 1996. Das verkürzte seine Zeit in der Hölle freilich nur unmaßgeblich.
[39] Der Autor George Orwell war drei Jahre älter als Bonhoeffer und starb fünf Jahre nach ihm.

In meiner Jugend beeindruckte mich Staudtes Film „Rosen für den Staatsanwalt", der die Bigotterie der auf NS-Juristen gründenden BRD-Justiz darstellte. Den Bundesfilmpreis dafür schlug Staudte aus mit der bedenkenswerten Begründung: „Es ist schwer, die Welt zu verbessern mit dem Geld von Leuten, die die Welt in Ordnung finden". Bonhoeffer war damals übrigens noch nicht rehabilitiert, wohl aber die Männer, die ihn an den Galgen brachten.

Anton Karas starb 1985. Bekannt wurde der Komponist aus Adolf Hitlers Heimatland Österreich durch die Musik zu dem Nachkriegsfilm „Der dritte Mann"[40]. Seine Zither-Musik klingt so unschuldig heimatlich, während gewissenlose Kriegsgewinnler mit Wiener Schmäh die Herrschaft neben den „Siegermächten" ausüben.

Eugen Gerstenmaier war von 1954 bis 1969 der am längsten amtierende Bundestagspräsident. Durch Helmuth James Graf von Moltke wurde er Mitglied der Widerstandsgruppe Kreisauer Kreis und hielt ein Attentat auf Hitler für nötig. Entsprechend befand sich Gerstenmeier am 20. Juli 44 beim Umsturzversuch nach Stauffenbergs Attentat im Berliner Bendlerblock, nach eigenen Worten

---

[40] Diese Musik finden wir sogar auf den Abbey-Road-Tapes der Beatles vom Januar 1969. Sie zitieren ihn musikalisch.

„mit Pistole und Taschenbibel". Roland Freisler, dessen Witwe später für die menschenverachtende Tätigkeit ihres Mannes mit einer satten BRD-Pension belohnt wurde, verurteilte ihn zu sieben Jahren Zuchthaus (Bayreuth). Die Amis befreiten ihn. Neun Jahre später wählte ihn der Bundestag zu seinem Präsidenten, wegen seiner Kirchennähe mit Gegenkandidaten aus der eigenen „christlichen" Partei und erst im dritten Wahlgang. Er verstarb 1986.

Der Jahrgang verbindet auch **Joseph Kardinal Höffner**, den Kölner Erzbischof mit Bonhoeffer. Dieser erzkonservative Katholik mit einem Blick für soziale Probleme schuf sich eine bunte Palette von Gegnern, unter denen sich auch Franz Josef Strauß von der CSU befand, der den Bischof anherrschte, sich nicht in die Politik einzumischen. Der Rüffel von Strauß erfolgte nicht, als die deutschen Bischöfe unter Höffner die Katholiken in einem Hirtenbrief von der Kanzel aus dazu aufriefen, die CDU/CSU zu wählen, sondern erst später, als er 1986 sich gegen die Atomenergie stellte wegen ihrer brutalen Auswirkungen für viele Generationen. Strauß wird sich gewundert haben, dass eben derselbe Bischof wenig später erklärte, die Grünen seien eine für Christen nicht wählbare

Partei. Ich nahm das als Hinweis darauf, dass die Katholische Kirche eine für Christen nicht wählbare Konfession sei. Höffner starb daraufhin 1987.

Wer denkt bei Bonhoeffer an **Samuel Beckett**, den irischen Autor? In seinem „Warten auf Godot" (1953) spürt man freilich etwas von der Zeitgenossenschaft. Er kam am Karfreitag 1906 in Dublin zur Welt. 1932/36 bereiste er Deutschland. Bonhoeffers und Becketts Wege hätten sich wohl kreuzen können. Becketts Interesse galt jedoch vorwiegend der künstlerischen Kultur. Anschließend ließ er sich in Paris nieder und schloss sich der Resistancean. Er zeigte seiner Zeit, dass es realistisch war, absurde Dramen zu schreiben. Gerade in „Warten auf Godot" geht es um eine Hoffnung (auf Godot = God), die sich nicht erfüllt, während die Wartezeit in Mülleimern mit absurden Dialogen gefüllt wird. Inszenierte er hier Bonhoeffers „religionsloses Zeitalter"? Becketts Mutter war ausgesprochen kirchlich. Der Dramatiker starb 1989.

Herbert Wehner prägte die Bundesrepublik und die SPD. Sein politisches Wirken beginnt deutlich vor Bonhoeffer und reicht in mehr als die doppelte Zeitspanne hinein (noch 45 Jahre). Er starb 1990[41]. 1930 wurde er

---

[41] Seine dritte Frau wurde am 31. Oktober 1924 geboren, also am

Mitglied im sächsischen Landtag für die KPD. Daher tauchte er nach dem Reichstagsbrand in den Untergrund ab und gehörte, nachdem die meisten führenden Genossen ins Exil gegangen waren, der Inlandsleitung an (1933). Im Saarland arbeitete er auch mit Erich Honecker zusammen. Nach seiner Abschiebung in die UdSSR kooperierte er mit Walter Ulbricht und Wilhelm Pieck, lange vor den Schwarz-Weiß-Kategorien BRD vs DDR. 1937 kam er nach Moskau. Die stalinistischen „Säuberungen" – dieses euphemistische Wort überlebte in der Gegenwart als „ethnische Säuberung", die ebenfalls Massenmord kaschiert – überlebte er auf Kosten seiner Integrität, da er Genossen denunzierte. Als er mit Sonderauftrag nach Schweden kam, änderte sich seine Einstellung dem stalinistischen Kommunismus gegenüber, so dass er nach Kriegsende in die SPD eintrat und dort bald in der vorderen Riege mitarbeitete. Er wurde Mitglied des Deutschen Bundestages und initiierte den 17. Juni als Nationalfeiertag, pointiert gegen die kommunistische Diktatur im Osten; er propagierte dafür den Titel „Tag der deutschen Einheit", der sich durchsetzte. Später war er Fraktionsvorsitzender der Regierungspartei SPD sowohl unter Willy Brandt wie auch

---

Reformationstag...

unter Helmut Schmidt. Zur Entspannungspolitik trug er viel bei, aber beim Stichwort „Integrität" gibt es viele Fragezeichen. Bis jetzt ist er der Bundespolitiker mit den meisten Ermahnungen zur Geschäftsordnung.[42]

In diesem Reigen klingt die Erwähnung von **Beppo Brem,** einem harmlosen Volksschauspieler seltsam. Gehörte er gar zur „verharmlosenden Sorte"? Die Funktion, die er in seinen Filmen einnahm, diente einer Entpolitisierung des Films hin zu Verharmlosungen über die gesellschaftliche Situation. Dass er in Propagandafilmen der Nazis mitspielte, ist aus seiner oft eingegrenzten Funktion als Volksschauspieler zu erklären, der dann später auch mit Curd Jürgens in „des Teufels General" agierte. Es gab also auch diese melangierende Seite der Gesellschaft in den 30ern und 40ern. Er starb 1990.

89 Jahre wurde **Gerd Bucerius**. Vor allem als Verleger von „ZEIT" und „Stern" wurde er bekannt; Opfer von reaktionärer und antiliberaler Gesinnung in seiner Fraktion CDU wurde er, als diese ihn ausschloss, weil in einer seiner Zeitungen ein Artikel *„Brennt in der Hölle wirklich ein Feuer?"* erschien. Die „Konservativen" empfanden dies als

---

[42] Siehe "Ordnung ist die halbe Rede", Wortgefechte aus dem deutschen Bundestag (bei 2001)

eine Beleidigung christlicher Werte– Konservative, die wiederum kein Problem darin sahen, dass die Verfassung durch ehemalige Angehörige der Gestapo geschützt wurde und einen Architekten für KZs zum Bundespräsidenten wählten. Bucerius saß auch dem Untersuchungsausschuss im „Fall John" vor. Es ging um das Verfahren gegen den ersten Präsidenten des Bundesamtes für Verfassungsschutz, der angeblich der DDR nachrichtendienstliche Kenntnisse weitergegeben hatte, aber nach eigener Aussage dazu entführt worden war. Er wurde aufgrund einer Beweislage verurteilt, die heutigen Maßstäben nicht mehr genügt. Bucerius starb 1995.

94 Jahre erreichte **Léopold Senghor**. Geboren im heutigen Senegal lebte er nach dem Abitur lange in Frankreich, wo er als Poet Mitbegründer der literarischen Bewegung „Négritude" war. Als französischer Staatsbürger kämpfte auf der Seite Frankreichs gegen Deutschland. Als deutschem Kriegsgefangenen drohte dem Offizier 1940 die Erschießung seiner schwarzen Hautfarbe wegen. Nach dem Krieg ehelichte er die Tochter des Generalgouverneurs von Französisch-Äquatorialafrika, also jenem Gebiet, in dem damals auch Albert Schweitzer[43] wirkte. 1960 wurde er (bis

---

[43] Seine Jugendgruppe schenkte ihm 1928 das Urwaldbuch von Albert

1980) der erste Präsident des unabhängigen Senegal. Der Poet und Politiker wurde 1968 mit dem Friedenspreis des Deutschen Buchhandels ausgezeichnet. Ich war seinerzeit auf der Buchmesse und erlebte heftige Proteste gegen diesen Kandidaten, weil er zu sehr mit dem Kolonialismus paktiere. Schon damals erschien mir die Argumentation schablonenhaft. Die Friedensbereitschaft Senghors kam bei mir gut an. Das galt weniger für Daniel Cohn-Bendit, der damals festgenommen und zu acht Monaten verurteilt wurde. Diese Reaktion des Staates auf die kollektive Äußerung von Meinungen widersprach ebenfalls den Intentionen des Friedenspreises. Den „roten Danny" achte ich noch heute wegen seiner Zivilcourage, seinen Differenzierungen und seinem Humor. Leopold Senghor lebte bis 2001.

Ein biblisches Alter erreichte **Billy Wilder:** 96 Jahre! Als Samuel Wilder kam er im galizischen Sucha zur Welt. Damals gehörte es zu Österreich-Ungarn, später zum Deutschen Reich, heute zu Polen... Im ersten Weltkrieg floh die Familie nach Wien – er lebte zeitgleich mit Sigmund Freud in dieser Stadt. In den 20ern zog er nach

---

Schweitzer. In seinem Grunewalder Zuhause verkehrte auch Theodor Heuss, der wiederum mit Schweitzer familiären Kontakt hatte.

Berlin. Daraus ergibt sich eine chronologische und geographische Überschneidung mit Bonhoeffer ohne Verbindungen... Hübsch ist die Anekdote von seinem Einstieg ins Filmgeschäft: Maxim Galitzenstein, Direktor einer Filmgesellschaft floh eines Nachts in Unterhosen aus dem Schlafzimmer der Nachbarin zu Wilder. So etwas verpflichtet! 1931 kooperierte Billie Wilder mit Erich Kästner bei der Produktion von „Emil und die Detektive". Cineastisch ein tolles Werk! Kästner bekam später zwar Berufsverbot, konnte aber, da Hitler den „Emil" liebte, pseudonym weiterarbeiten. Über Paris kam er in die USA und nach Hollywood. Sein einziger Dokumentarfilm war eine Auftragsarbeit für das U.S. Army Signal Corps über die Befreiung des KZ Bergen-Belsen: Death Mills. Obwohl die Deutschen seine Mutter 1943 im Holocaust ermordeten, wollte er keinen Propagandafilm, keinen Gräuelfilm drehen: „Objektiv gesehen: So unsympathisch die Deutschen sein mögen, sie sind – und jetzt zitiere ich Wort für Wort den guten Onkel in Washington – unsere logischen Verbündeten von morgen."[44] Mit „Manche mögen's heiß" gelang ihm ein

---

[44] "Viewed objectively, as unsympathetic as these Germans may be, they are nevertheless — and now I quote word for word the good uncle in Washington — our logical allies of tomorrow." In: David Bathrick: *Billy Wilder's Cold War Berlin* In: *New German Critique*. Bd. 110,

Klassiker, ebenso mit „Zeugin der Anklage" (immerhin mit der Deutschen Marlene Dietrich in der Hauptrolle). Wilder, der sich „Wilder" aussprach!, musste den „Deutschen" entkommen, aber er musste auch McCarthy entkommen, denn er täuschte sich nicht darüber, dass die faschistische Unterströmung in den USA „staatstragend" und damit auch staatsgeschützt war (und ist). Mit seiner filmischen Meta-Sprache trickste er die stumpfsinnigen „Patrioten" der sog. „Amerikaner"[45] aus. Damit konnte er 96 Jahre alt werden.

Gertrude Ederle, geboren am 23. Oktober 1906 in New York als Tochter deutscher Auswanderer wurde 1924 in Paris Olympiasiegerin. Mit zwanzig Jahren durchschwamm sie in Rekordzeit und noch dazu als erste Frau den Ärmelkanal. Das machte sie zur Ikone. Zu diesem Zeitpunkt war sie bereits schwerhörig und das Salzwasser führte zu ihrer Ertaubung. Sie wurde Schwimmlehrerin für taube Kinder. Durch eine Wirbelsäulenverletzung gelähmt kämpfte sie sich wieder zum Gehen durch. Mit 97 Jahren starb sie in New Jersey.

2010, S. 34.
[45] Man kann es nicht oft genug betonen: Amerika, das ist Kanada, Brasilien, Argentinien, Mexiko, Chile… und irgendwo sind dann auch die sog. USA.

Finale: Ausgerechnet der Mann, der durch einen ungewollten Selbstversuch das LSD entdeckte, wurde 102 Jahre: **Albert Hofmann**. Geboren in Baden, Aargau verstarb er am 29. April 2008 in Burg im Leimental. Das legendäre Lysergsäurediethylamid, ein Signum der 67-Generation[46] entdeckte er mehr zufällig bereits 1943, genauer am 16. April. Drei Tage später begann der Aufstand im Warschauer Ghetto. Eine echte Bewusstseinserweiterung findet statt, wenn wir die Brutalitäten des Holocaust wahrnehmen. LSD hilft dazu nicht. Die echten Horrortrips schaffen die Faschisten - zu denen Kommunisten wie Stalin, Mao und Konsorten gehörten. Dass die Entdeckung von LSD noch in Bonhoeffers Lebenszeit gehört, erscheint irritierend. Aber gerade hier sehen wir, wie das abrupte Lebensende Bonhoeffers die Wahrnehmung seines Jahrgangs verzerrt.

5 Nach 1918: die neue Theologie

Der erste Weltkrieg brachte unendliches Leid in viele Familien. Damit erschütterte er auch den Glauben an die positive Weiterentwicklung der Menschheit und das Christentum als fortschrittlichste Religion.

---

[46] nota bene: „Die Sgt.-Pepper-Generation", 2017 erzählt davon.

Kurz vor dem „Heldentod"[47]

Kriege bringen den Zweifel an Gott mit sich. Dieser Krieg brachte den Zweifel an die christliche Kirche in Deutschland in die Gesellschaft und stellte damit das bisherige kulturelle Selbstverständnis radikal in Frage. Die jüngeren Leute suchten nach neuen Interpretamenten. Einflussreichster Stichwortgeber theologischer Sinnsucher wurde Karl Barth. Bald stieß der junge Theologiestudent Bonhoeffer auf seine Schriften.

5.1 Vom Ersten Weltkrieg in die 20er

Als für den großen Krieg im Deutschen Reich mobil gemacht wurde, jubelte Dietrichs Schwesterchen, aber ihr Hurrapatriotismus wurde mit einer Ohrfeige kommentiert: Alles klar. Doch eine Ohrfeige schützt nicht vor dem Krieg. Dieser traf die Familie mit ihrem ausgeprägten

---

[47] Eugen Trümmer wurde nicht mein Großvater... Der Mann meiner Großmutter fiel bei Verdun. Er hatte gerade noch seine Tochter Frohlinde sehen können...

Gemeinschaftsgefühl ins Herz, als Walter Bonhoeffer den „Heldentod" starb, der für seine Eltern lange Zeit unfassbar blieb.

Am 9. November riefen Philipp Scheidemann (SPD) und Karl Liebknecht (Spartakusbund) nahezu zeitgleich die Republik Deutschland als Nachfolgerin des Kaiserreichs aus.

Wer stand wo? Karl Bonhoeffer ging ungerührt zur Arbeit. Der aufbegehrende Hausmeister konnte den zielstrebigen Arzt nicht in politische Diskussionen verwickeln. Dr. Bonhoeffer musste seine ärztliche Pflicht gewissenhaft erfüllen, egal, was um ihn herum tobte. Doch die sozialen Unruhen und die Straßenkämpfe bekam der heranwachsende Dietrich ebenso mit wie die verbreiteten Widerstände gegen die neue, demokratische Regierung.

Am 24.6.22 wurde Walter Rathenau ermordet. Bonhoeffer, in der Oberprima, hörte die tödlichen Schüsse im Klassenzimmer.[48] Heute ist sein Grunewald-Gymnasium die Walther-Rathenau-Schule. Zur Zeit Bonhoeffers war etwa jeder dritte Mitschüler jüdischer Herkunft. Sechs der Schulkameraden waren im Widerstand aktiv.

---

[48] Bethge S.57

Der monarchisch gesinnte Karl Bonhoeffer besaß auch in der turbulenten Weimarer Zeit die innere Offenheit, seine Söhne ihre sehr divergierenden politischen Wege zu gehen.

Für Dietrich bedeutete das erst einmal wenig. Er fand seinen Weg in die Theologie hinein und musste sich neu orientieren. Dort traf auch ihn der theologische Hammer der jungen Generation. Der Gott des religiösen Gefühls hatte abgewirtschaftet. Gott war ganz anders.

5.2   Das Axiom beherrscht Gott: der Theologe

Der junge Theologe Bonhoeffer beschäftigte sich tiefgründig. Unabhängig von der Barthianischen Diktion redete er von Gott nicht als von dem „Ganz Andren", sondern als ob er kompetent über Gott reden könnte.

Als ich in meinen Anfangssemestern Barths „Einführung in die Theologie" las, öffnete sich mir eine unerwartete Welt. Natürlich rechnete ich arglos damit, dass Barth mir in dieser „Einführung" einen Überblick über das geben würde, was mich im Studium erwartete. Das war mitnichten so. Für Barth war es biographisch seine „Ausführung" aus dem Lehramt. Er brachte sich noch einmal auf den Punkt. Ich, der Novize, sah sich plötzlich mit der Aussage konfrontiert, Religion und Theologie unvereinbare Gegensätze seien. Ich fand das ziemlich bescheuert, aber seine Gedankengänge faszinierten und überzeugten mich letztlich. Für mich war es der Anfang der Theologie, für ihn aber seine letzte Vorlesung. Barths Alterswerk war für mich als Anfänger eine Offenbarung. Mich überzeugt seine grundlegende Erkenntnis nach wie vor nicht aufgrund einer Theorie, sondern eigener Erfahrungen. Dieses Stichwort „Erfahrung" galt seinen Schülern und deren Schülern als „No-go"[49].

Bonhoeffer eignete sich Barth im Selbststudium an; aufgrund meiner biographischen Entwicklung verstehe ich, dass ihn „Der ganz andere" begeisterte. Wenn Bonhoeffer später mit Barth in unterschiedlichen biographischen Phasen

---

[49] Das hatte natürlich Gründe, eben in der „natürlichen Theologie", die letztlich ins Verderben geführt hatte.

argumentierte, geschah dies auf Augenhöhe. Wie Barth sah er die Gefahr, Gott als Denkobjekt zu haben, während Gott nur durch den Heiligen Geistes zu „denken" wäre.

Für einen Barthianer unorthodox ging er später in Finkenwald meditativ mit der Bibel um.[50] Für ihn, der vertrauten Umgang mit Harnack pflegte, war Jesus nicht der Gründer der Kirche. Jesus stiftete keine Religion. Jesus sahen Bonhoeffer und Barth nicht als Gründer, sondern als Grund der Kirche, wie sie im Wortspiel formulierten. Für Bonhoeffer starb die Religionsgemeinschaft Jesu mit ihrem Stifter am Kreuz.[51] Diese pointierte Formulierung weist in eine eindeutige Richtung.

Soviel zur Theorie. In der Praxis erleben wir bei Barth wie bei Bonhoeffer axiomatische Theologie, die Gott als Souverän der Offenbarung substituiert. Für manche Epigonen war Barths Wort identisch mit Gottes Wort. Mich als Nachgeborenen überzeugt die treffsichere Positionierung gegen eine amoralische Wertewelt. als Theologe stellt es ich mir allerdings so dar: Theologen können sogar üfr den Teufel argumentieren – und Goethes Mephisto demonstrierte, dass auch der Teufel theologisch

---

[50] Bethge, S.248
[51] Bethge, S.259

argumentieren konnte. Den entscheidenden Punkt setzte Jesus mit seiner Beispielsgeschichte vom „Barmherzigen Samariter": Dein Herz sagt Dir, was Gottes Wille ist. Lass es durch Theologen, Politiker und egoistische Kleinbürger nicht zerreden: Gott ist die Liebe und nur, wer in der Liebe bleibt, bleibt in Gott. Das kann auch ein Atheist!

5.3 Bonhoeffers geographische Weite

So facettenreich wie Dietrich Bonhoeffers Gedanken sind, so prismatisch sind seine Aufenthalte im Ausland. Dazu gehört sein Studienjahr 1924 in **Rom** mit einem geheimnisumwitterten Aufenthalt in Nordafrika mit seinem Bruder. Vier Jahre, als Vikar nach **Barcelona** begegnete er einer von Tagespolitik fernen Bürgerlichkeit (die ihn langweilte) sowie den ökonomischen Problemen der Gemeindeglieder mit Handelsunternehmen, die mit weltweiten Entwicklungen zusammenhingen[52].

Zwei Jahre später wurde er in seinem Stipendiat in **New York** mit den Problemen der Weltwirtschaftskrise, die in Barcelona anklangen und dem Rassismus konfrontiert. Spirituell und pastoralpsychologisch erweiterte der Kontakt

---

[52] Die Folgen reichten in seiner Gemeinde bis zum Suizid.

nach Harlem seinen Horizont nicht nur in Meilen gemessen.[53]

Kurz nach der Gründung des Pfarrernotbundes mit Martin Niemöller 1933 vertrat er die deutsche evangelische Kirche beim ökumenischen Treffen in **Sofia**. Dabei konnte er Informationen über die Hintergründe der deutschen Ereignisse verbreiten.

In Oktober 33, als viele Würfel schon so schnell gefallen waren, dass gar nicht alle (einschließlich Niemöller) begriffen hatten, was sich abspielte, ging er als Gemeindepfarrer nach **London**[54]. Karl Barth mahnte ihn, als Aufgabe zu erkennen, das brennende Schiff der Kirche in Deutschland löschen zu helfen und zurück zu kommen. Bonhoeffer knüpfte während seiner Zeit in London bis 1935 einen engen Kontakt zu George Bell, den Bischof von Chichester zu knüpfen mit seinem großen Einfluss in der ökumenischen Bewegung.

1934 vertrat er die „Bekennende Kirche" wie auch das Jugendsekretariat in **Dänemark** u.a. mit dem Referat „Die Kirche und die Völkerwelt".

---

[53] Er kam mit einer beeindruckenden Sammlung von Spiritualplatten zurück. Im großdeutschen Kontext hieß dies: „Negermusik".
[54] Forest Hill klingt ja fast wie Grunewald

Als Leiter des systemkritischen Predigerseminars Finkenwalde besuchte er **Schweden**, speziell Stockholm, und thematisierte auch in der Ökumene die menschenverachtende Politik und gesellschaftliche Situation im Deutschen Reich aus kritischer Position. März und Juni 39, nach der Reichspogromnacht, aber vor dem Entfachen des Zweiten Weltkrieges, reiste er nochmals nach England und in die USA. Dabei erweiterte er weniger seinen eigenen Horizont als vielmehr den seiner ausländischen Gesprächspartner. Die Möglichkeit einer Karriere im Exil schlug er zu Gunsten des Widerstandes im Deutschen Reich aus. Wenn er dies nicht gemacht hätte, stünden wir Evangelischen in der Bundesrepublik noch armseliger da als ohnedies schon. Unsere anderen Märtyrer hatten nicht diese Strahlkraft.[55] 500 Jahre nach dem Startschuss zur Reformation sehe ich in der Bundesrepublik keinen Theologen vergleichbarer Statur. Noch ist es wohlfeil, sich gegen rechts zu stellen, aber das Verhalten der Kirchenoberen in anderen Krisenbereichen ist gefährlich diplomatisierend.

---

[55] Schon auf der Rückreise von den USA erfuhr Bonhoeffer in London vom Märtyrertod Paul Schneiders im KZ Buchenwald. Aber Schneider verfügte nicht über die Öffentlichkeitswirkung von Bonhoeffer.

 Märtyrerikone von Bonhoeffer

Spannend wurde die Zeit während des Krieges, als er offiziell für die deutsche Spionageabwehr arbeitete und dabei verdeckt für den Widerstand unter hochrangigen Militärs. Die Aktionen führten ihn wiederum nach Schweden, aber auch nach Norwegen und in die Schweiz.[56]

6 Wo sind die Speichen?

Bonhoeffer artikulierte klassisch, wenn ein Wagen auf Menschen zu rast und sie zu überfahren drohe, bestünde die

---

[56] Die Schweiz klagte über die barbarischen Deutschen mit ihren Verfolgungen, schickte aber gleichzeitig an ihren deutsch-schweizer Grenzstellen flüchtende „Juden" nach Deutschland zurück in den sicheren Tod. Die in Schweizer Banken gebunkerten jüdischen Wertsachen blieben natürlich dort – auch die Beutekunst der Nazis? Die Deutschen waren offen barbarisch, aber die Schweizer bigott.

Aufgabe der Kirche darin, "...dem Rad selbst in die Speichen zu fallen." In voller Länge: "Die dritte Möglichkeit besteht darin, nicht nur die Opfer unter dem Rad zu verbinden, sondern dem Rad selbst in die Speichen zu fallen".[57] Allerdings muss man zu einem Zeitpunkt handeln, an dem das Ergebnis, welches das Handeln rechtfertigen soll, noch nicht eingetreten ist, weil gerade dieses Ergebnis verhindert werden muss. Im Erfolgsfall sind die verhinderten Folgen nicht mehr beweisbar.

Als Kriegsdienstverweigerer in den 70er-Jahren musste ich begründen, weshalb ich es nicht verantworten könne zu töten. Niemals wurden die potentiellen Mörder, also die Soldaten gefragt, wie sie Töten verantworten könnten. Also: Nicht-Töten musst du rechtfertigen, Töten nicht...

Wir lassen hier die unzähligen Kriegsverbrechen durch die Militärs nicht außer Acht. Krieg ist niemals klinisch rein, es ist eine Lüge, Verbrechen würden im Prinzip nicht zu einem von einem Staat geführten Krieg gehören.

Schauen wir uns so eine „Kriegsdienstverweigerung", die aufgrund des nationalsozialistischen Machtmissbrauchs nach dem Krieg in der BRD festgeschrieben wurde, an und sehen aus einem Rechtsstaat heraus den Unrechtsstaat.

---

[57] "Die Kirche vor der Judenfrage" (1933) (Werke Bd. 12. S. 353)

Als Theologe muss man auch Jura-Vorlesungen besuchen. Dort lernte ich, dass es für Juristen eine Parallelwelt gibt: Wenn ein Gesetz erlassen wird, ist dies Wirklichkeit. Wenn der Bundestag beschließen würde, dass die Sonne um die Erde kreist, wäre dies Beurteilungsgrundlage der Juristen. So erklärte es uns Staatskirchenrechtler Prof. Dr. Martin Heckel in Tübingen. Das Recht ist die Wirklichkeit und nicht umgekehrt!

Juristen urteilen nur nach Gesetzen. Juristen können eine Nothilfe durchaus bezweifeln. Es muss ihnen egal sein, ob die Gesetze human oder menschenverachtend sind. Sie können sich immer auf die Legislative berufen.[58] Typische Situationsschilderung für eine Verhandlung für Kriegsdienstverweigerer: Wenn ich mit meiner Freundin durch den Wald gehe und ein Mann mit gezogener Pistole

---

[58] Hans Filbinger, CDU-Ministerpräsident von Baden-Württemberg, der 1945 nach Kriegsende zwei „Desserteure" hinrichten ließ, verlangte: „Was damals rechtens war, kann heute nicht Unrecht sein." Der Mörder im Namen Hitlers wurde juristisch nie zur Rechenschaft gezogen. - Die Witwe des NS-Richters **Freisler** bezog in der BRD eine nicht zu knappe Juristenwitwenpension, während die Hinterbliebenen der Opfer ihres Mannes leer ausgingen. Selbst der heute noch belegbare Sadismus Freislers (z,B, gegenüber Herrn **von Witzleben**, dem sein Hosengürtel weggenommen wurde und der seine Hose mit den Händen festhielt, was ihn vom Hitlergruß abhielt) und seine Willkür änderten nichts an der rechtlichen Stellung der Witwe. Klar, darüber urteilten Juristen. - Der 2017 für die AfD in den Bundestag einziehende Jurist Jens Maier aus Dresden, ein Bremer fügt sich in die Reihe der Juristen, die den Unrechtsstaat als Rechtspersonen verkörpern.

droht, meine Freundin zu erschießen... würde ich, um meine Freundin zu retten den Angreifer erschießen?

Den vom „Bundesverteidigungsministerium" (zuständig für Krieg) beauftragten „Männer" war klar, dass ich selbstverständlich den Angreifer erschießen würde, um meine Freundin zu retten. Dabei unterstellen sie, dass ich immer eine Waffe bei mir trage[59]. Mein KDV-Prüfer ging sonntags vermutlich mit seiner Frau niemals unbewaffnet spazieren.

Hätte ich nun aber trotz aller Unmöglichkeiten den Angreifer in Nothilfe erschossen, würde mir der Prozess gemacht und ein gewiefter Jurist könnte mich fragen, woher ich denn gewusst hätte, dass der Angreifer nicht nur gedroht hätte und letztlich doch nicht geschossen hätte. Dann hätte ich ihn ohne wirklichen Grund getötet.

Hier sind wir bei einem Dilemma, das problematischer ist als jene haarspaltenden Juristen, die sich bei jeder Regierungsform verdingen und auch nach untertänigem Dienen bei Diktatoren satte Pensionen beziehen dürfen[60], persönlich vorstellen können. Niemand weiß vorher, ob ein

---

[59] Auch nach Jahrzehnten beschränken sich meine Kenntnisse über den Waffengebrauch auf das, was ich dem „Tatort" entnehmen kann.
[60] Über eine Klage gegen dieses Privileg hätten Juristen zu entscheiden. Da fehlt irgendwie eine differenzierende Gewaltenteilung.

Angreifer seine üblen Absichten auch verwirklicht oder dann doch im letzten Augenblick zurück zuckt. Ein präventiver militärischer Schlag unterliegt natürlich anderen Bedingungen als denen der Wirklichkeit. (Ironie!)

Wie ist das also mit dem „in die Speichen fallen" heute? Bei den dreißiger Jahren wissen wir, wie die Historie weiter ging.[61] Aber heute? Muss man der AfD in die Speichen fallen, weil sie das Land mit menschenfeindlichen Äußerungen überzieht? Muss man der DITIP in die Speichen fallen, weil sie Gestapomethoden in der Bundesrepublik anwendet?[62]

Lassen wir die Gedanken nicht nur in die Türkei schweifen: Die Gestapomethoden, die durch islamische Gemeinden unter dem Deckmantel der mit Bundesmitteln geförderten DITIP initiiert werden, kenne ich von meinen Nürnberger interreligiösen Kontakten. Da werden Familienmitglieder aufgefordert, Familienangehörige zu

---

[61] Ich nehme bei diesem Wissen Historiker wie Herrn Höcke und Herrn Gauland ausdrücklich aus. Über die chemische Zusammensetzung ihres Gehirns kann ich natürlich keine kompetente Auskunft geben. Meine farblichen Vermutungen gehen in Richtung ihrer geäußerten Inhalte. (??? Was meine ich wohl damit?)
[62] Türkisch-Islamische Union der Anstalt für Religion e.V., Venloer Str. 160, 50823 Köln. Ausgerechnet in Köln ist der Sitz dieses Ablegers des türkischen Religionsministeriums. In Köln sitzt auch das berühmte Kalifat (siehe Kalif von Köln).

denunzieren, die – angeblich – zur Gülen-Bewegung gehören. Listen dieser Personen gehen dann nach Ankara. Der Vorwurf, zur Gülen[63]-Bewegung zu gehören ist etwa so differenziert wie der Verwurf in den USA zur Zeit von Senator Joseph McCarthy, Kommunist zu sein. Wer einem nicht passte, wurde als Kommunist denunziert, vor die US-Inquisition gezerrt und seiner Lebenschancen beraubt. Zu Bonhoeffers Zeiten hätte man „Jude" gesagt...

Zu meiner Zeit reichte es in Bayern (CSU) bereits, nicht auf dem Boden der Freiheitlich demokratischen Grundordnung (FDGO) zu stehen, deren Inhalt Franz Josef Strauß definierte, der es weder mit der Freiheit der Andersdenkenden noch der Demokratie allzu ernst nahm.[64] Immerhin verdanken wir ihm die physikalischen wie finanziellen Belastungen durch die Kernkraft, welche unsere Nachkommen auszubaden haben. Mit guten Gründen gegen die zivile Nutzung der Kernkraft zu sein, galt bei dem NS-Oberleutnant Strauß bereits als staatsfeindlich, weshalb sein Innenminister Stoiber die Besucher verdächtiger

---

[63] Ein Mitstreiter von Gülen war früher ein gewisser Herr Erdogan.
[64] Kann diesem politischen Gedankenslalom noch irgendjemand folgen? Gülen- Erdogan – McCarthy – Hitler – Strauß... das ist viel zu abstrus!

evangelischer Kirchen observieren ließ!⁶⁵ Diese CSU-Aktion erinnert uns an Bonhoeffers Tage.

Ob islamische⁶⁶ Gemeinden in der BRD, Kommunistenjäger in den USA oder Hetze gegen „Links" in Bayern, die Szenarien ähneln sich. Ich nenne keine Beispiele aus Diktaturen. Dort gehört Gesinnungsrecht dazu. Aber zu einer Demokratie gehört es eben nicht. Als Bonhoeffer Richtung Widerstand (gegen seinen Willen) „abdriftete", gab es zunächst noch das demokratische Vorzeichen, dessen Hitler sich bediente.⁶⁷

In ihrem Tagebuch „Schauplatz Berlin" schildert Ruth Andreas-Friedrich am 27.9.38, wie sie angesichts der angespannten Situation „Gibt es Krieg?" vor den Berliner Reichstag kam, mit ca. 200 Gleichgesinnten. Soldaten paradierten, Hitler zeigte sich auf dem Balkon, niemand hob die Hand zu „Sieg Heil!". Hitler verschwand wieder, beobachtete aber wohl noch eine halbe Stunde lang hinter

---

[65] Weshalb ließ er die katholischen aus? Kardinal Höffner äußerte sich doch auch KKW-kritisch.

[66] Hier geht es de facto nicht (!) um islamistisch, sondern national-islamische Religion.

[67] Ich las 45 Jahre nach meiner ersten Lektüre: Ruth Andreas-Friedrich, „Schauplatz Berlin" (auch „Berlin Underground"/„Der Schattenmann"), rororo. Ihren Freund und Schriftsteller Heinrich Mühsam feuerte Ullstein, weil er Jude war. Er starb im KZ Auschwitz. Zeitweise wohnte Mühsam mit Herbert Wehner in einer WG; gemeinsam waren sie 1926/27 in der „Anarchistischen Vereinigung Berlin".

dem Vorhang das Verhalten der Versammelten. Dann, so interpretierten es die journalistischen Kollegen von Frau Andreas-Friedrich, erkannte er, dass die Deutschen noch nicht hinter einem Krieg stünden. So ließ er sich auf Friedensverhandlungen mit Italien, Frankreich und England ein und die Westmächte schenkten ihm sein geliebtes Böhmen und Mähren, opferten also Teile der Tschechei für den „Frieden". Im September 38 hatte erpressbare Diplomatie noch zu einem Rest von „Frieden" geführt, innenpolitisch auf Kosten der „Juden", die nun herhalten mussten – bis hin zur „Reichskristallnacht"[68].

Wir schreiben den 24. September 2017! Bei der Bundestagswahl zog die AfD in den Bundestag ein, mit über 13% und ihr Chef Gauland erklärte sofort vor den Kameras: „Wir werden sie jagen!", also Kanzlerin Merkel und wer immer ihr die Kanzlermehrheit gibt.

„Wir werden sie jagen!" erinnert an Hetzjagden von ausländisch aussehenden Menschen im gottlosen Osten der

---

[68] Dieser Begriff ist authentischer als „Reichpogromnacht". Das politisch korrekte „Pogrom" ist unverständlich, damit aussagelos und unterstützt so die Faschisten. „Kristall" ist heutzutage auch kein gängiges Wort mehr, junge Leute denken da eher an „Crystal Meth" und assoziieren etwas Gefährliches. Meinen Schülern konnte ich sehr gut schildern, wie Glassplitter auf dem Boden lagen und sich darin Licht brach wie in Kristall, also geschliffenem Glas und wie etwas Schönes Zeugnis gab von etwas Schrecklichem!

Bundesrepublik. Genau dieser Herr Gauland wollte schon eine Bundespolitikerin entsorgen lassen, in Anatolien. Hinter ihm und seiner Parteien stehen über ein Zehntel der deutschen Wähler. Das ist bei weitem keine Mehrheit. Aber wenn wir die Geschichte von Dietrich Bonhoeffer und seinen Zeitgenossen anschauen, dann wissen wir, was sich entwickeln kann. Bonhoeffers Familie nahm Hitler nicht besonders ernst – bis es zu spät war. Dann erkannten sie, dass Dummheit und Bosheit durchaus mehrheitsfähig sind und anschließend, wenn sie es nicht mehr sind, sich die Bosheit eben mit Gewalt an der Macht halten kann.

Die dreißiger Jahre warnen. Viele derzeitige politische Analysen verzichten auf anthropologische Aspekte. Als Argumente für das Erstarken der Faschisten verweist man gerne auf die soziale Schere, weist man auf Menschen, die sich abgehängt fühlen. Ich merke aber in Gesprächen auch: Vielen besser Situierten ist es zu mühsam, in einer komplexen Welt zu leben, wo ganz viele Konsumgüter aus dem Ausland kommen dürfen, die Menschen aber nicht. Die AfD verfügte über besonders viele Wähler in den Regionen, in denen kaum Flüchtlinge untergebracht waren. Offenbar liegen andere Gründe vor als die plakative Fremdenfeindlichkeit. Wer genau hinschaut, merkt, dass manche es genießen, endlich böse sein zu dürfen.[69] Das Böse steckt in den Menschen, es will auch heraus. Diese anthropologische Komponente negieren viele Menschen.[70] Manchmal muss man über rechte und linke Faschisten sagen, dass sie einfach böse sind.

Gibt es einen geistigen antifaschistischen Schutzwall?[71] Der reale, aus Steinen gemauerte in Deutschland bestand aus faschistoidem Gedankenmaterial. Gutes Gedankenmaterial gegen die Herrschaft des Bösen über die Seelen bieten Jesu Seligpreisungen.

Bonhoeffer unterschätzte lange die reale Gefahr der NSDAP und traute auch seinen Mitmenschen nicht jene gnadenlose Menschenfeindlichkeit zu, die bald zur Staatsideologie wurde.[72] Als es fast schon zu spät war,

---

[69] Schauen wir gauländisch auf die Vorfahren: Beatrix von Storch, Galionsfigur der abstrusen Fregatte ist Enkelin von Johann Ludwig Graf Schwerin von Krosigk, dem Finanzminister im „Dritten Reich".
[70] Macchiavelli legte es seinem 1513 unerlaubt erschienenen *Il Principe* (*Der Fürst*) zu Recht zugrunde.
[71] Ich erinnere mich, wie ich 1981 den gereiften Sir Karl Popper (*1902) hörte. Selbst noch im jugendlichen Elan befangen imponierte mir, dass er herausstrich, dass Wissenschaft – womit er durchaus Physik, Chemie und verwandte Naturwissenschaften meinte – direkt mit Demokratie korreliert. Zutreffende wissenschaftliche Erkenntnisse lassen sich nicht autoritär herstellen. Er selbst emigrierte zu Bonhoeffers Zeit aus Wien nach Neuseeland, was ihm das körperliche wie wissenschaftliche Überleben ermöglichte – zu Lasten der österreichischen Intelligenz.
[72] Schon eine Woche nach dem Einzug der AfD in den deutschen Bundestag unterhielt ich mich mit einem Freund, mit dem ich ansonsten

realisierte er, man müsse dem Rad in die Speichen fallen. Für die Ermordeten war es bereits de facto zu spät.

Theologe auf der Suche

Wenn ich die zeitlichen Abstände der damaligen Ereignisse mit heutigen Zeitspannen vergleiche, wird mir deutlich, dass ich nur im Nachhinein ein Schnellmerker bin. Anders gesagt: Wenn wir uns fragen, wie schnell Menschen seinerzeit angemessen auf die politischen Ereignisse reagierten, können wir checken, wie zurückhaltend wir selber sind, wenn uns nicht gerade die Panik antreibt.

Andererseits gibt es aus den dreißiger Jahren Zeugnisse, die ein schnelles Realisieren deutlich machen. Dieses Realisieren war nicht kognitiv durch Wahrnehmen und

---

nur musikalische Themen besprach. Er fragte sich und mich, ab wann es nötig wäre, nachhaltigen Widerstand zu leisten und ob wir es in unserem nicht mehr jugendlichen Alter überhaupt könnten. Ich verstand die Frage und es stärkte mich innerlich, dass er sie überhaupt stellte!

Abwägen bestimmt, sondern Erschrecken über einzelne Ereignisse. Der bayerische Pfarrer Karl Steinbauer, zunächst den Nationalsozialisten der sozialen Problematik wegen nahestehend, las in der Zeitung, wie Nazis in Ostpreußen einen Kommunisten in dessen Bett totgetrampelt hatten. Damit war für ihn der Ofen aus. Die Formulierung „Das geht zu weit!" wäre zu diplomatisch. Nein, so geht es nicht! Das ist gegen Gottes willen! Das ist das Werk des Teufels! Und die Täter sind des Teufels![73]

Der Mann von Bonhoeffers Zwillingsschwester Sabine war „Jude"[74]. Dietrich Bonhoeffer erlebte in der Familie einen Menschen, mit dem er als Schwager zusammen war und musste sich klarmachen, dass andere ihn als „Juden" kategorisierten und damit als Feind, ja als vernichtungswürdig. Bonhoeffers aufgeschlossenes Elternhaus akzeptierte solche Ausgrenzungen ohnedies nicht, aber eine persönliche Bindung ist noch nachhaltiger.

---

[73] Er war Pfarrer! Deswegen war ihm das Seelenheil der Täter ein Anliegen. Er wollte selbst die Mörder nicht dem Teufel überlassen. Diese Konsequenz angesichts menschenverachtender Verbrecher macht m.E. einen Christen aus.
[74] Für Nazis klingt „Jude" objektivierend, theologisch ist das eine rein beschreibende Aussage über eine Religionszugehörigkeit, Die traf bei vielen „Juden" im Dritten Reich gar nicht zu. Daher die Anführungszeichen.

Dabei standen 1933 noch viele später als „Juden" definierte Deutsche zur NSDAP, gerade auch Kriegsteilnehmer.

Bonhoeffer reagierte zunächst rein theologisch. Offenbar erkannte er durch die Theorie vieles klar, was den Blick im Alltag klärte. Der Theoretiker und Theologe Dietrich Bonhoeffer hielt 1933 einen Vortrag über den nationalen Rundfunk, in dem er das Führerprinzip auf den Prüfstand legte und christlich relativierte.[75] Das war erstaunlich.

Uns Nachgeborene erstaunt wenig, dass der Vortrag („live!") während der Ausstrahlung abgebrochen wurde, da Bonhoeffer das Führerprinzip in Frage stellte. Aber wir erleben, dass in der Türkei „Ministerpräsident" Erdogan ähnlich mit Kritik umgeht und dies bei Putin und Konsorten gar nicht erst geschehen würde. Da sind wir in den USA noch besser dran, obwohl man manchmal den Eindruck haben kann, dass es eine massive Zensur gibt, die nationalistisch begründet ist. Beim Thema „Unsere Nation" verhalten sich US-Regierung und Opposition gleich, egal in welcher Konstellation. Da sind wir in der Bundesrepublik noch besser dran, auch wenn es die AfD gibt.[76]

---

[75] Bethge S.57

[76] Es war total undemokratisch, dass ein Demonstrant in Nürnberg rief: „zur Hölle, ihr Arschlöcher!". So redet man nicht über Mitbürger! Außerdem: Müsste dann der Teufel vielleicht eine Obergrenze

Als am 6.9.33 die Evangelische Kirche den Arierparagraphen einführte, erwartete Bonhoeffer von den „bekennenden" Pfarrern, dass sie aus der DEK austreten sollten. Aber selbst Barth sah noch Chancen in einer innerkirchlichen Diskussion. Wer sollte ihn tadeln? Wer den Weg des Friedens und der Versöhnung für den richtigen hält, darf nicht zu früh aufgeben, wenn auch aus heutiger Sicht Bonhoeffers Weg der angemessenere war.

Mit seiner kritischen Sicht stand Bonhoeffer nicht allein. Auch der renommierte Martin Niemöller sah die Zeit des Handelns gekommen. So gründeten sie den Pfarrernotbund mit dem Ziel, bedrohte Amtsbrüder jüdischer Herkunft zu schützen. Wie konnte auch nur ein einziger kirchlich Verantwortlicher, der sich zum Juden Jesus aus Nazareth als dem Heiland bekannte, Gegner oder Kritiker dieses Notbundes sein?!

Bonhoeffer plante, nach Indien zu Gandhi zu reisen. Von ihm wollte er kompetentes zum Thema Pazifismus lernen. Was Gandhi im Christentum und was Bonhoeffer in Gandhis Hinduismus ansprach und anzog, verhalf ihnen dazu, es in ihrer eigenen Tradition wiederzuerkennen.

---

einführen, weil zu viele A... sich in die Hölle drängten? Man weiß es nicht! (Was bedeuten übrigens die Punkte hinter A...? – Feuerzangenbowle: „Wer ist groß ‚E'?"

Von Gandhi hörte er bereits Mitte der 20er. Er hatte für die Indienreise schon einen Teil des Geldes gespart, aber erst musste er sich habilitieren. Auf Friedenkonferenzen traf er Gandhis Mitarbeiter C.F.Andrews (*1871-+1940). Gandhis Methoden können nicht in jedem Befreiungskampf erfolgreich sein. M. Eberling urteilt über Gandhis Rolle für die Unabhängigkeit Indiens vom britischen Weltreich: „Eine totalitäre Diktatur hätte eine zarte Figur im Lendenschurz wie ihn einfach zerbrochen und ausgelöscht. Aber in einer Demokratie mit einer kritischen Presse – und wenn sie auch eine rassistische, imperialistische Klassengesellschaft wie das Britische Empire war – konnte dieser stete Tropfen des gewaltfreien Widerstands jedoch letztlich das Joch der englischen Kolonialherrschaft brüchig werden lassen."[77] Leider zeugen Gandhis zeitgenössische Stellungnahmen zum Widerstand gegen den Holocaust von einer erschreckenden Unkenntnis.

6.1 „politisch korrekte" Sprache

Der Gewinn von „politisch korrekter Sprache" ist, dass Diskriminierungen unterbunden werden. Sie erweist sich als angemessen, etwa wenn eine männerdominierte Sprache in ihre Grenzen des Pissoirs verwiesen werden soll. Aber über

---

[77] M. Eberling: Mahatma Gandhi – Leben, Werk und Wirkung, S. 7

die Jahrzehnte (also nicht von Anfang an!) erweckt politisch korrekte Sprache den Eindruck, dass sie den eigenen Zielen zuwider läuft. Letztlich sind nicht verwendete Wörter das Problem, sondern unterschwellige Intentionen. Wer ein Altersheim zum Seniorenheim oder zur Seniorenresidenz hochstilisiert, hat das Problem des Alterns und seiner negativen Konnotationen noch lange nicht im Griff[78]. Ob du ins Altersheim musst oder in die Seniorenresidenz, ist dir ganz egal, wenn du aus den eigenen vier Wänden musst und einem fremdbestimmten Alltag unterworfen bis.

Es ist in Deutschland egal, ob du ein Neger bist oder ein Anderspigmentierter. Die Optik entscheidet. Da hilft auch eine veränderte Wortwahl nicht weiter. Im Begriff „Anderspigmentiert" steckt ein kaschierender Beigeschmack.

Viele Zeitgenossen erweisen sich als resistent gegen eine „politisch korrekte" Sprachweise. Da müssen wir zu anderen Mitteln greifen als die föderalistische Didaktik bereithält. Schwieriger ist es mit denen, die sich politisch korrekt ausdrücken, aber ihrer eigenen Wortwahl emotional nicht folgen. Viele reden nicht von Negern, grinsen über

---

[78] Die Begrifflichkeiten prägen die pekuniär interessierten Betreiber.

den Begriff „anders Pigmentierte" und kommen mit „Schwarzen" im optischen Sinne nicht zurecht.

Manche Rechtsprachler reden von „anders-begabten", wenn sie diejenigen bezeichnen, die ansonsten als „behindert" bezeichnet werden, korrekt als „handicaped", was wiederum beinhaltet, dass sie Probleme mit den Händen haben, was im überwiegenden Fall nicht stimmt. Kinder, die in der Schule nichts checken, mutieren zu „Indigokindern", oder, weil Fremdsprachen doch problematisch sind, zu "Regenbogenkindern". Den Kindern hilft es gar nichts, wenn man schöne Worte für ihre großen Schwierigkeiten erdichtet.

Schönfärberei gibt es auch in die andere Richtung, wenn verwerfliche Denkweisen durch überkorrekte Begrifflichkeiten salonfähig gemacht werden. Ich möchte einen Neonazi lieber ganz präszise ein „Arschloch" nennen. Leider kann sich das „Arschloch" juristisch wehren…

Vermutlich empfinden viele solche Unstimmigkeiten, können es aber nicht artikulieren. Die berühmte christsoziale „Obergrenze" gehört in diesen gefährlichen Bereich. Manche erinnert das bayerische Wort „Obergrenze" sexistisch an „Oberweite" beim Oktoberfest, aber ansonsten bedeutet es: Lasst die Menschen doch im Mittelmeer ersaufen! Oder sie sollen sich in ihrer Heimat abschlachten lassen! Obergrenze klingt nach Buchhaltern. Die regelten erfolgreich zu Bonhoeffers Zeiten die Vernichtung[79] von Menschen mit dem Etikett „Juden".

Drei Jahre nach Bonhoeffers Ermordung – bundesdeutsch: rechtmäßigen Hinrichtung – brachte ein lungenkranker britischer Kriegsreporter mit dem Pseudonym George Orwell ein Buch auf den Markt, in dem er die Jahreszahl der Erscheinung einfach umdreht: 84 statt 48. Nineteen-eighty-four[80]. In diesem Buch schilderte er viele irrealen Szenarien, die heute Realität sind bis hin zur Reality-Show von RTL, die diesen Begriff sogar von ihm stahl: „Big Brother".

Orwell beschreibt die „New Speech" als Veränderung von Wörtern in eine gewünschte Bedeutung: Love is hate. Trotz positiver Intentionen bewirken die Akteure von „political correct speech" dasselbe. Jim Knopf etwa war ein Negerjunge. Kein Problem. Er kam zu den Chinesen... auch kein Problem. Außer für den ansonsten sehr geschätzten Jugendbuchverlag, der Michael Ende zensierte.

---

[79] Welch erschreckend verharmlosendes Vokabular! Siehe zu der Thematik auch Hannah Arendt und Adolf Eichmann.
[80] Dieses Buch erschien als häufigstes im Tempel der verbotenen Bücher auf der Dokumenta in Kassel 2017. George Orwell schrieb auch als Warnung vor dem Stalinismus „Animal farm".

7 Bonhoeffer als Seelsorger

7.1 Der soziale Seelsorger

Dietrich Bonhoeffer wuchs in einem betuchten Haus auf, sein Vater Karl verdiente als Chefarzt der Charité gutes Geld und die Familie leistete sich als Rückzugsort ein Häuschen in Friedrichsbrunn, im Harz.

Als Dietrich beschloss, als Pfarrer in den Berliner Osten zu gehen, wusste er, dass ihn eine krasse Umgebung erwartete. Kirchlichkeit galt nichts, die Menschen waren arm, und das galt natürlich auch für seine Konfirmanden. Seinen Vorgänger Pfarrer Müller hatten sie aufgearbeitet. Er starb kurz danach. Nach Bonhoeffers Worten hatte man ihn „ziemlich buchstäblich zu Tode geärgert."

In der armseligen und gewalttätigen Umgebung bewies der junge Pfarrer aus einer behüteten Familie Geduld. Er nahm sich trotz seiner Dozententätigkeit an der Universität Zeit für die Jugendlichen und überlegte sich auch die oder andere Aktion.

Die Jungen lebten unter Bedingungen, die massives soziales Engagement erforderten. Kein Wunder, dass sowohl die Nationalsozialisten wie auch die Kommunisten hier populär waren. Aber Bonhoeffers Blick richtete sich nicht einfach auf die Armut mit all ihren Schattierungen. Er hatte die Jungen als Persönlichkeiten im Blick. Wie soll sich ein junger Mensch so richtig entwickeln, wenn es immer nur um die materielle Basis geht?

So kam Bonhoeffer auf die Idee: Ich nehme die ganze Bagage mit in unser Wochenendhaus Friedrichsbrunn – 250km entfernt. Die Harzreise war für die Jungs eine Weltreise. Und natürlich unerschwinglich. So akquirierte Dietrich Geld in seiner Familie für die Fahrtkosten – und die Unterkunft war frei.

Dietrich teilte keinen Mantel. Er teilte seine eigentlich private Welt. Seine Rückmeldungen an die Familie waren zwar heiter formuliert, enthielten aber auch Hinweise darauf, dass die Jungen sich nicht einfach wie wohlerzogene Gäste verhielten... Sie kamen aus der Großstadt, sie wuchsen in rauen Verhältnissen auf.

„Ich bin sehr froh, daß ich mit den Konfirmanden hier oben sein kann; wenn auch noch nicht besonders viel Verständnis für Wald und Natur vorhanden ist, so begeistern sie sich doch an Kletterpartien im Bodetal und am Fußball auf der Wiese. Es ist ja oft gar nicht einfach, die doch meist sehr unsozial erzogenen Jungen zusammenzuhalten, und hier hilft die Häuslichkeit und die

Hemmungen, die sie ganz von selbst auferlegt, doch sehr mit. Ich glaube auch, daß Ihr dem Haus später diese Bewohner nicht mehr ansehen werdet. Bis auf eine zerschlagene Fensterscheibe steht alles... Nur unsere Hauswirtin ist etwas indigniert über diesen Proletenbesuch..."[81]

Bonhoeffer war eines von acht Kindern. Er wusste, was Teilen heißt. Er wuchs mit seiner Zwillingsschwester im Zimmer auf: Teilen gehörte zum Alltag. Aber das war Familie. Hier, im Wedding, im Proletenviertel, in seinem Quartier wusste er, dass er da nichts zurückbekommen würde... Zumindest nichts Materielles.

Der emotionale Erfolg der Harzreise überzeugte ihn. So änderte er sein Konzept in mehr Praktikabilität. Es sollte nicht so weit weg gehen, das Ziel leichter erreichbar sein. Er schaute sich am Stadtrand um und entdeckte in Biesenthal für sich und die Konfis ein Grundstück. Einem Freund schrieb er: „Ich habe mir außerhalb Berlins ein neun Morgen großes Stück Land gepachtet und stelle mir ein kleines Holzhaus darauf...""[82] Die Jungen aus Wedding

---

[81] Bethge S.275
[82] (17.5.1932) Bethge 275

durften ins 40km entfernte Biesenthal kommen, wann sie wollten.

Er schuf kein diakonisches Fürsorgehaus für Jugendliche ohne Eltern, sondern öffnete für Jugendliche, die zu Hause lebten, einen Rückzugsraum, etwas, um zu sich zu finden, um jugendlich zu sein, um Gemeinschaft zu erleben.

Er teilte seine Zeit, um das Projekt durchzuführen, und er teilte natürlich auch sein Geld, um das ganze finanzieren zu können. Und er teilte seinen Glauben in einer Gemeinschaft, die sich dadurch erst fand. Für sein nächstes Projekt, die Jugendstube in Charlottenburg, zeigte er sich nicht als Menschenfischer, sondern als Mäzenfischer. Doch schon drei Monate später musste die tatkräftigste Mäzenin, Anneliese Schnurmann als Jüdin vor den Nazis flüchten musste. Da die Nazis alles, was irgendwie nach Kommunismus roch, kurz und klein schlugen, versteckte Bonhoeffer die kommunistischen Angehörigen seiner Jugendstube einige Zeit in seiner Biesenthaler Hütte.[83]

Das Thema Teilen ergab auch ein wichtiges Signal später im Finkenwalder Predigerseminar. Nicht nur, dass er seinen Bechsteinflügel ankarren ließ und allen zur Verfügung stellte, auch der Mangel an Fachbüchern bewegte ihn, seine

---

[83] ebd. S.277

reichhaltige Bibliothek an kirchenhistorischen Werken, Nachschlagewerken und Kommentaren von Berlin nach Finkenwalde bringen zu lassen, einschließlich der Lutherausgabe seines Urgroßvaters Hase.

1932 machte Bonhoeffer Hausbesuche bei den Eltern seiner Konfirmanden in Wedding: „Was sind das für qualvolle Stunden oder Minuten, wenn der andere oder ich versuchen, ein seelsorgerliches Gespräch zustande zu bringen, und wie stockend und lahm geht es dann vorwärts...Vielleicht ist es aber auch wirklich das Ende unserer Christlichkeit, daß wir hier versagen. Wir haben wieder predigen gelernt, wenigstens ein ganz klein wenig, aber Seelsorge?"[84]

Im 21. Jahrhundert können wir es ähnlich erleben. Freilich: Was versteht der jeweilige Seelsorger unter Seelsorge? Aus meiner Praxis weiß ich: Dass Gespräche immer wieder stocken oder lahmen liegt weniger an Konzepten als vielmehr an der zwischenmenschlichen Chemie. Die hängt nicht von der Kirchlichkeit ab, auch

---

[84] ebd. 274

nicht von der gesellschaftlichen Nähe, auch nicht von der Intellektualität.[85]

Nach dreißig Jahren kommentierte Eberhard Bethge die Berliner Sentenz biographisch: „Fünf Jahre später hat Bonhoeffer seinen Finkenwalder Kandidaten gerade zur Seelsorge Mut zu machen verstanden. Wieder ein halbes Jahrzehnt danach fand er die Nähe und das rechte Wort für einen Typ Menschen, der diesem von Wedding nicht fern war. Das geschah in der solidarischen Situation des Gefängnisses." Aber auch hier fehlten ihm oft die Worte.

In seinen Vorlesungen unterschied Bonhoeffer diakonische und verkündigende Seelsorge. Während heute diakonische Seelsorge oft psychotherapeutisch geprägt ist, lehnte Bonhoeffer fast psychophobisch diese Richtung vehement ab. In seiner Not, Seelsorge praktisch werden zu lassen, bot er ergänzende Übungen an (analog zu verhaltenstherapeutischen Methoden). Doch weiterhin wirkte Gott nicht dort, wo er wirken sollte.[86] So suchte der Theologe sein Heil im Pragmatismus. Das bedeutet aber, theologisch die Waffen zu strecken.

---

[85] Heute besuchte ich mehrere Konfirmandeneltern. Im aktuellen Vergleich wurde deutlich: Es stimmte die Chemie oder auch nicht – und manchmal klappte es mit einem Elternteil, mit dem anderen aber nicht.
[86] Finkenwalder Vorlesungen S.375 / 141

Die nächste Phase brachte Bonhoeffer immer stärker in Konfrontation zum Staat und aus seinem gewohnten großstädtischen Umfeld. Deutschland war im Umbruch!

7.2 Finkenwalde und die Junker:

Der Blick auf die Geschehnisse in Deutschland, die sich in Reichshauptstadt bündelten, kam von außen. Bonhoeffer war bei den Aufenthalten in den USA und in London noch keine dreißig Jahre alt. Zurück von seinem Londoner Auslandspfarramt wurde er 1935 zum Leiter eines neugegründeten Predigerseminars berufen.

Der Englandheimkehrer erlebte ein Deutsches Reich, in dem der Staat einen Generalangriff auf die Volkskirchen gestartet hatte. Der Politstratege Hitler versuchte, die vielfältigen Landeskirchen durch die „Reichskirche" zu vereinnahmen: Ein Gott, ein Reich, ein Führer – und eine Kirche. Parallel dazu beschnitt er Rechte der Kirche, ließ Kirchenvertreter einschüchtern und missliebige Geistliche verhaften. Bei diesem Kampf unterstützten Hitler auch Leute aus der Kirche, nicht nur „Deutsche Christen" (DC). Der „Ansbacher Ratschlag" bayerischer evangelischer Theologen unter Federführung von Paul Althaus und Werner Elert etwa übertrug die Rassengesetze auf die Kirche mittels theologischer Begründungen. Überlegungen zur Barmer Theologischen Erklärung und dem Ansbacher Ratschlag finden sich im Anhang. Bonhoeffer kam aus London in eine Situation, in der die Ausbildung der Theologen bereits der Staat regulierte. Weitblickende Kirchenführer etablierten Alternativen, darunter das für Bonhoeffer wichtige Predigerseminar in Finkenwalde.

Finkenwalde lag gezielt ab vom Schuss im Osten des Deutschen Reiches, nahe an Polen. Bonhoeffers Weg von Berlin nach Ostpreußen versetzte ihn in eine ganz andere Welt. Dort regierten die Gutsherren. Positiv beschrieben gehörten den Junkern die Dörfer und ihnen oblag die Fürsorgepflicht. Zumindest idealisierten sie sich so.[87] Dort entwickelte sich Widerstand als Parallelwelt.

Bonhoeffer fand in Ruth von Kleist-Retzow eine mütterliche Freundin. Früh verwitwet nahm sie die Stellung ihres Mannes ein. In einer patriarchalisch geprägten Umgebung herrschte sie matriarchalisch. Sie wirkte nach außen durch und durch preußisch, was zunächst positiv interpretiert wurde und im Widerstand gegen den Proleten Hitler durchaus Früchte trug.

---

[87] Auf unterhaltsame Weise veranschaulicht die Ambivalenz dieser Struktur der Film „der kleine Lord".

Ruth von Kleist-Retzow und Dietrich Bonhoeffer lernten sich kennen, als dieser 1935 die Leitung des neugegründeten Predigerseminars in Finkenwalde übernahm. Sie begannen eine intensive Beziehung mit vielen Gesprächen über Glaube, Theologie und Politik. Ruth widerten die Plebejer der NSDAP an, sie entwickelte sich zur Oppositionellen und mit ihr viele von ihr geprägte Familienmitglieder. Naturgemäß war dies kein Widerstand von Demokraten, sondern von Aristokraten.

Bei ihr traf Bonhoeffer ihre Enkeltochter Maria von Wedemeyer, mit der er sich im Januar 1943 verlobte. Sie war eine halbe Generation jünger.[88]

Bei der Suche nach Berührungen zu Bonhoeffer in meinem Umfeld stieß ich auf Ruth von Kleist-Retzows Urenkel. Die Gespräche mit ihm erfüllten nicht meine Erwartung, in der Familie kolportierte „Anekdoten" über Ruth und Dietrich zu hören, aber sie vermittelten mir ein imponierendes Familienbild im ostpreußischen Kontext. Bei der Familie „von-Kleist-Retzow" wie auch dem größeren Kreis „von Kleist" wird der Zusammenhang des Clans kultiviert. Die Auflistung aller lebenden „von-Kleist-

---

[88] Ihre späteren Männer scheiterten an der Ikone Bonhoeffer und entsprechend scheiterten ihre Ehen.

Retzow"s für die Familientreffen ergibt ein beachtliches Reclam-Heft. Dies signalisiert, dass der Zusammenhalt der Familie ein ethischer Wert ist. Das zeigte sich nachhaltig in der Widerstandbewegung, in die diese Familie und mit ihr auch Dietrich Bonhoeffer eingebunden war.

Hans von Kleist-Retzows Vater Konstantin mit Dietrich Bonhoeffer

Im Interview schilderte Hans von Kleist-Retzow beeindruckend das Engagement von Ruths Tochter Mizzi, die sich sozial und seelsorgerlich für die Angehörigen ihres Gutes, in diesem Fall die Bewohner eines kleinen Dorfes einsetzte. Sie ging in die Häuser, sie schaute nach den materiellen Nöten und kümmerte sich um familiäre Problemen. Sie entsprach der „Fürsorgerin", wie man sie in Berlin[89] nannte.

---

[89] Gisela von Scheurl-Defersdorf, geborene Strathmann (* 30. März 1916, † 14. August 1998), also zehn Jahre jünger als Bonhoeffer.

Damals engagierte sich Hermann Strathmanns Tochter Gisela in Berlin als Sozialfürsorgerin[90]. Probleme wie ungewollten Schwangerschaften in prekären Verhältnissen beeindruckten sie. Im professoralen Umfeld und religiösen Weltbild des Vaters war so etwas nicht vorgesehen und provozierte ein neues Denken. Hermann Strathmann kämpfte mit Bonhoeffer um die Integrität der Kirche.

Wenn man menschenzugewandte soziale Aktivität „Seelsorge" nennt, gehört die persönliche Zuwendung dazu, aber nicht unbedingt der religiöse Zuspruch. Es gehört dazu aber auch das väterliche (mütterliche) Zuwenden des Patrons. Preußische Seelsorge versteht sich als fürsorglich, geschieht aber von oben. Das entspricht dem Weltbild und der Wertvollstellung der ostpreußischen Junker und prägte Bonhoeffers Seelsorgelehre fundamental. Es passt ebenso exzellent zum Patriarchen Karl Bonhoeffer. Ruth von Kleist-Retzow erweiterte dieses Selbstverständnis gentergerecht als Matriarchin, ohne das gesellschaftliche Herrschaftsprinzip in Frage zu stellen. Freilich erlebte ich in meiner Zeit auch nondirektive Seelsorger, die ihr Programm den Pastoranden aufzwangen.

---

[90] Später als KV-Vorsitzende in meiner Gemeinde erzählte sie sehr persönlich, wie diese Erlebnisse ihren Horizont weiteten.

Bonhoeffer übernahm das Predigerseminar, um evangelischen Pfarrern eine solide Ausbildung ohne staatliches Einwirken zu ermöglichen. Das hängte man aus strategischen Gründen nicht an die große Glocke. Im Übrigen waren die Nazis noch keine Legislaturperiode an der Macht und setzten erst einen Teil ihrer menschenverachtenden Ideologie um. Trotzdem bekam der bekennende Theologe die Macht der Nazis zu spüren und musste reflektieren, wie man damit im Sinne des eigenen Anliegens umgeht.

Seine Tätigkeit lässt sich als subversiv beschreiben, aber er agierte noch nicht in der Offensive. Ruth von Kleist-Retzow hatte früher schon eine (antidemokratische) Parallelwelt aufgebaut, indem sie in der ungeliebten Republik für privaten Unterricht ihrer Familie sorgte. Dies ließ sie auch im religiösen Bereich praktizieren. Ihre Söhne erhielten privaten Konfirmandenunterricht, um nicht den Pfarrern der faschistischen „Deutschen Christen" ausgeliefert zu werden. Dietrich Bonhoeffer bediente diese Welt als Konfirmator[91] ebenso wie Martin Niemöller.

Die Gespräche mit dieser durchsetzungskräftigen Frau führten den großbürgerlichen Dietrich in die Welt der

---

[91] Bethge 503, auch Hans von Kleist-Retzow über seinen Vater.

Junker. Als er wie einst „Junker Jörg"[92] undercover agierte, profitierte er von Zusammenhalt und Verschwiegenheit. Die preußischen Gutsherren verfügten neben Standesdünkel über Zusammengehörigkeitsgefühl bzw. -verpflichtung. Sie zogen sich fasst demonstrativ gegenüber den Nazi-Proleten wie in eine Wagenburg zurück. Der Widerstand der Junker gegen die Nazis war nicht demokratisch motiviert. Er galt als Familienpflicht, nicht als Gewissensentscheidung.

8 Finkenwalde: Der Seelsorgelehrer

Dieser Hintergrund von Berliner Bourgeoisie und preußischen Landadel bestimmte auch seine Seelsorgelehre im Predigerseminar. Er deckte dort die Bandbreite evangelischer Theologie kompetent ab. Letztlich erscheint er als ein Autodidakt, trotz seiner akademischen Bildung. Die Selektion und Bewertung seiner Quellen wirkt sehr subjektiv. Adaption war nicht der entscheidende Wesenszug seines theologischen Denkens.

In der Seelsorgelehre bei seinen Finkenwalder Vorlesungen, erscheint eine zeitgemäße Seelsorgelehre, die beispielsweise Erkenntnisse der Psychologie aufgreift nicht auf dem Bildschirm. In den Nachschriften erscheint

---

[92] Martin Luther auf der Wartburg

Bonhoeffers Konzept von Pastoraltheologie als Junker-Seelsorge, Seelsorge nach Gutsherrnart. Die befriedigt im besten Falle regressive Bedürfnisse, dient aber nicht der Emanzipation. Jeder, der ehrlich mit sich umgeht, wird bei sich regressive Bedürfnisse wahrnehmen und verstehen, dass eine solche Seelsorge durchaus willkommen ist. Jeder, der reichhaltige Erfahrungen mit Seelsorge gemacht hat, weiß, dass Regression nicht die Lösung ist, sondern nur vorübergehend Erleichterung verschafft. Eigenständigkeit, Emanzipation ist ein Grundbedürfnis. Letztlich will jeder ein eigenständiger Mensch sein, auch wenn es bequemer ist, sich in eine Geborgenheit zurück zu ziehen.

Hochreflektiert konnte Bonhoeffer die Komplexität seines Gegenübers wahrnehmen. So konnte er es eben auch „wagen", dem anderen Wegweisung zu erteilen, oder, um ein Unwort für heutige Pastoralpsychologie zu verwenden: „Ratschläge" erteilen. Das kann man in mehrerer Hinsicht kritisch sehen. Ich wählte dazu die Position des Pastoranden, also dessen, der sich dem Seelsorge anvertraut. Bonhoeffer propagierte in seinem fast klösterlichen Seminar eine Art „Zweierschaft", in der man ein Gegenüber wählt, mit dem man sich vertraut macht und der für einen auch Entscheidungen fällen kann. Wie sein Freund Bethge später kritisch schrieb, fehlte es allerdings ihm selbst an Naivität, andere für sich entscheiden zu lassen.[93]

Das ist in Ordnung so. Da bin ich ähnlich gebaut, aber es wurde kritisch, wenn er anderen eine andere Grundhaltung vorgab wie in seinen Vorstellungen zum gemeinsamen Leben im Predigerseminar. Seine Seelsorgelehre definierte den Seelsorger als den Entscheider, der etwas „wagt" oder brutal demonstrativ demütig „wagen muss". Er schnitt seine Seelsorgelehre auf sich selbst zu als den Entscheider, nicht den, für den der Seelsorger zu entscheiden „wagt".

Der Leiter des Predigerseminars

Der Begriff des „Wagens" ist für ihn zentral. Der Seelsorger muss an Gottes Stelle wagen, Entscheidungen

---

[93] S.214

für den Pastoranden zu treffen. Hier trifft sich Junker-Theologie mit Dialektischer Theologie. Barth formulierte Analoges, wenn man von Gott nicht reden kann (was de facto stimmt), aber von ihm reden muss (was für Glaubende auch stimmt), was dann eine „unmögliche Möglichkeit" darstellt. Der Prediger muss es wagen, von Gott zu reden, obwohl es unmöglich ist. Barth rekurriert auf den „Heiligen Geist", der es ermöglicht, von Gott zu reden, aber dank der göttlichen Vorsehung wurde Karl Barth von hinnen gerufen, bevor er in seiner voluminösen „Kirchlichen Dogmatik" zur trinitarischen Abteilung des „Heiligen Geistes" kam.

8.1 Achtungsvolle Distanz begleitet gnadenlose Distanzlosigkeit

Sehr angemessen redet der Finkenwalder Dozent, wenn es um schützende Distanz geht. Verheirateten Pfarrern gegenüber betont er extrem nachhaltig die Verschwiegenheit des Seelsorgers auch seiner Frau gegenüber. Das muss immer wieder in Erinnerung gerufen werden. Schließlich öffnen sich die Gemeindeglieder nicht Herrn oder Frau XY, sondern Pfarrer oder Pfarrerin als „Vertreter Gottes". Aufmerksam notiert er, dass der „Hausbesuch" das Zentrum der Seelsorge ist, aber der Hausherr keineswegs der Pfarrer, sondern eben der

Besuchte. Zugleich nervt er durch typisch professorale Formulierungen wie „er hat keine Zeit zum Geschwätz. Aber er hat immer Zeit zum Dienst."[94] Das ist theologisches Geschwätz! So reden die Professoren und die professoralen Pastoren, wenn sie Angst vor dem Allzu-Menschlichen haben. Man kann den Eindruck gewinnen, Hausbesuche seien eine Variante der Katechese und Katechese sei die Überkategorie von Seelsorge und gleichzeitig als Verkündigung des Wortes definiert.

Bonhoeffer rät dazu, „das Gespräch abzubrechen und zu fragen, ob man nicht zusammen ein Schriftwort lesen wolle." Er ist höflich. Er fragt im fremden Haus. Aber er tut so wie viele evangelische Theologen: Nicht, dass Gott Menschen begegnete und dies als Mensch tat, steht im Mittelpunkt, sondern dass es darüber Schriften gibt und auch noch reflektierende Schriften. Sola scritpura schlägt solus Jesus.

Mitunter gerät der Seelsorger gar noch in einen Kampf mit dem Satan, dem er in den diversen Anfechtungen der Pastoranden begegnet.[95] Vielleicht könnte Gott den armen Angefochtenen helfen, aber schränkt ihn Bonhoeffer ein:

---

[94] Seelsorgelehre 381
[95] S.388

„Gott will nur dem Bußfertigen helfen." Was muss dieser Mann für Erfahrungen gemacht haben! Andere als ich offenbar, denn die Menschen, die mich liebten, wollten mir ohne Vorbedingungen helfen. Mitunter gelang es ihnen auch, mir ohne mein Zutun zu helfen. Armer Bonhoeffer. Was muss er erlebt haben?! Dass ihm dabei nicht ganz wohl ist, zeigen seine hilflosen Differenzierungen.[96]

Leider taucht auch dieser schreckliche Sündentheologe auf, der sein Evangelium noch nicht in der Fülle erfahren hat. „Unter Kranken sind wir dem Kreuzesleiden Jesu näher und erkennen die Welt besser als unter Gesunden. Hier werden Schuld, Sünde und Abfall erkennbar..."[97] Was mag er von seinem Vater, der die Frage nach der „Eugenie" wissenschaftlich anging, mitbekommen haben?

Der Pfarrer soll dem treuen Gemeindeglied die Predigt des Sonntags ans Krankenbett bringen. Das ist nicht schlecht. Aber es theologisch zu überhöhen ein bisschen abartig. Besser haben es die nicht-treuen Gemeindeglieder, da soll nämlich der Pfarrer einfach nur so kommen, „ohne alle Nebenabsichten". Ach, wie wohltuend! Wohl dem, der kein treues Gemeindeglied ist, denn hier will der Seelsorger

---

[96] S.390
[97] S. 393

nur bezeugen, dass Gott bei dem Kranken sein will. Allerdings überschreitet Bonhoeffer auch hier wieder eine Grenze mit der Behauptung, dass der Kranke „seine Krankheit als Zeichen der Nähe Gottes nehmen darf" Einen solchen Seelsorger würde ich zum Teufel wünschen.

8.2 Papa weiß am besten, was für den anderen gut ist

Die Aufforderung zum „Wagen" kannte Dietrich von seinem Vater. 1932 hatte er sich als Privatdozent in Berlin längst etabliert und las über „Gibt es eine christliche Ethik?". Er hatte den eschatologischen Aspekt aufgegriffen und ethisch bedeutete dies, dass Kirche konkret gebieten müsse, etwa im Bereich des Friedens. „Auf die Autorität zu solchem Gebieten – praktisch dem Gebieten des Friedens – sollte man nicht warten; sie ruht im Wagnis selbst."[98]

An seinem Vater als Psychiater konnte er hier weniger orientiert sein als an dessen chirurgischen Kollegen: Der chirurgische Eingriff ist bis heute ein Wagnis. Aber die Chirurgie lebt von denen, die es wagen – und viele Menschen leben, weil Chirurgen es wagten, einzugreifen.

In der Chirurgie wie auch in der Pastoralpsychologie bleibt das Problem, dass die Akteure nicht ihr eigenes

---

[98] Bethge S.260

Leben wagen, sondern das der anderen. Chirurgische Fehler lassen sich freilich leichter dokumentieren als psychiatrische, psychotherapeutische oder seelsorgerliche.

Bonhoeffer erlebte sein Elternhaus offenbar als positiv. Die Grundeinstellung seines Vaters prägte ihn. Das Prinzip der „Junker" kannte er vom Vater: Man war für andere verantwortlich. Bonhoeffers Seelsorgekonzept bleibt patriarchalisch: „Papa weiß am besten, was für den anderen gut ist." Dabei bleibt unklar, wer als „Papa" agiert. Papa ist mal Gott, mal der Seelsorger. Hier hören wir das 19. Jahrhundert, ob durch Junker oder Professor Bonhoeffer.

Bonhoeffer kann hier sehr weit gehen, wenn er es „wagt", für den anderen zu entscheiden und Direktiven zu geben. Notfalls experimentiert er mit dem anderen.

Für jemanden wie mich, der von Freud geprägt ist, wirkt Dietrich Bonhoeffers Pastoraltheologie sehr eigentümlich. Der Sohn rebelliert gegen den Vater, in dem er die Psychotherapie herabwürdigt[99]. Diese ist für ihn allenfalls eine Hilfswissenschaft: Leider propagierten dies in meiner Studienzeit etliche Professoren immer noch so. Bei meinen Professoren vermute ich einen „Widerstand", bei

---

[99] Das Freud von Karl Bonhoeffers Mentor ebenfalls abschätzig bedacht wurde, kann in dieser Generationenfolge zu denken geben.

Bonhoeffer eher eine ödipale Reaktion. Aber hier ist nicht der Ort für „Taschenbuch-Psychologen". Von außen wirkt diese Rebellion gegen den Vater, der seinerseits Freud ablehnte, wie der Versuch, einen eigenen Weg zu gehen. Das führt zu einer gewissen „Betriebsblindheit", wie wir sie aus der dialektischen Theologie auch sonst kennen. Das Ergebnis der theologischen Vatergeneration, der „Erste Weltkrieg" rechtfertigt eine vehemente Abgrenzung.

Bei Bonhoeffer könnte Freud konstatieren, dass er gegen den Vater rebelliert, aber ihn zugleich imitiert. Wenn es um die Seelsorgelehre geht, wird der Seelsorger „oben" positioniert. Verbal überlässt Bonhoeffer Gott das Wirken, aber in der Beschreibung des Vorgangs kommt Gott bei Bonhoeffer ohne ihn und seine Konsorten nicht aus. Die „Demut" wirkt künstlich. Diese Ambivalenz kennen wir von Karl Barth. Beide waren eben hochbegabte, extrem intelligente Personen, die phantastisch zu differenzieren in der Lage waren und sich theoretisch in ein eine demütige Position brachten, die sie wiederum im zwischenmenschlichen Umfeld nicht hatten. Es ist schwierig, wenn man Gottes Größe erkennt, aber sie unter Menschen kommunizieren muss, die einem intellektuell nicht das Wasser reichen können. Bonhoeffer erkannte dies auch bei Martin Luther. Luthers Erkenntnisse wurden von seinen theologischen Nachkommen dogmatisiert, nachgeplappert und dadurch ihrer Authentizität beraubt.

8.3 Menschsein als Sünde

Die Zugänge zum Seelsorger oder Seelsorgelehrer Bonhoeffer gestalten sich nicht problemlos. Seine Seelsorgepraxis lesen viele vor allem aus „Widerstand und Ergebung" heraus. Dies betrifft eine besonders geprägte Lebensphase. Also müssen wir auf die Nachschriften der Finkenwalder Vorlesungen zurückgreifen. Sie zeichnen sich wie Bonhoeffers veröffentlichte Werke durch dezidierten Tonfall mit apodiktischer Prägnanz aus.

Bonhoeffer spitzte seine Seelsorgelehre innerhalb ihrer anthropologischen Spezifikation hamartiologisch zu. Bei ihm dreht sich alles um die Sünde, da sie das menschliche Wesen ausmacht. Aus dem Kreisen um die Sünde findet er keinen Weg heraus, denn eine Entwicklung weg vom Sündersein zeichnet er nicht vor, trotz seiner verzweifelten Fluchtversuche in die „Exerzitien" für die sündigen Pastoranden. Zuspitzt ist der Seelsorgelehrer Bonhoeffer ein „Hamartiologe incurvatus in se".

Vielleicht findet sich ein prägender Grund in der gesellschaftlichen Situation seiner Zeit, vergleichbar mit den Gründen, die Barth zu seinem Römerbriefkommentar veranlassten. Den ersten Weltkrieg nahm die junge Generation als deutschen Krieg wahr, in dem das, was ihrer Eltern- und Großelterngeneration weltanschaulichen Halt gab, zerbrochen war – genauer: durch diese Vorgängergenerationen zerstört worden war. In seiner Seelsorgelehre bleibt Bonhoeffer unpolitisch, aber gerade in der Politik sind die Problempunkte beheimatet. Zugleich offenbarte er einen politischen Aspekt seiner sündenzentrierten Anthropologie gegenüber seinem Doktorvater Seeberg. Sein Menschenverständnis entwickelte er in der Folge des ersten Weltkriegs mit radikalen menschlichen Entgleisungen. Dabei warf er Seeberg vor, das flächendeckende böse Verhalten zu sehr zu relativieren, weil er letztlich an die positive Entwicklung der Menschheit durch ihren Willen glaube. Tatsächlich driftete Seeberg zu den Nazis ab[100] - also aus der Hölle der Menschen direkt zu den Teufeln.

Bonhoeffer definierte die Sünde[101] als eine Macht, deren Macht gebrochen ist. Aber in seiner Seelsorgeleere schenkte

---

[100] Bethge S.100:
[101] In seiner Dogmatikvorlesung erklärte Eberhard Jüngel 1979: „Das würde dem Teufel so passen, dass man die Sünde definiert. Da könnte man außerhalb der Fines munter in seinem Sinne handeln..." (Zitiert

der Theologe dieser Sünde enorme Macht durch die Aufgabe, die dem Seelsorger zugesprochen wird.

Bei der Sünde wird Bonhoeffer sehr wortreich, während er an anderer Stelle bekennen muss, dass ihm in konkreten Seelsorgegesprächen oft die Worte fehlen. Natürlich hörte auch bei Bonhoeffer ein Pastorand nicht gerne, dass er ein Sünder sei. Leicht konnte der Pastorand das Gefühl haben, dass der Seelsorger ihn nicht verstand, wenn diesem von vornherein alles klar war. Ob Bonhoeffer dies auch kognitiv wahrnahm, lässt sich schwer erkennen. Wenn ja, dann leistet er sehr großen Widerstand gegen ein echtes Verständnis für sein Gegenüber.

Für Bonhoeffer ist der Pastorand vor allem erst einmal verstockt. Er kann einfach nicht auf das Wort Gottes hören, er will es oft auch gar nicht. Kann der Bonhoeffer der Finkenwalder Tage auf andere Menschen hören, im eigentlichen Sinne hören? Oder weiß er es von Anfang an gleich besser, weil er ja um Gottes Wort weiß? Bonhoeffer steigt hoch bis zur Formulierung „Ziel allen seelsorgerlichen Handelns bleibt es also, den

---

nach der Erinnerung 40 Jahre später…) Denn sobald die Sünde definiert ist, gibt es etwas daneben, sie ist eingegrenzt, wir können uns ihr entziehen, es gibt auch „Nicht-Sünde".

Gesprächspartner als Sünder zu nehmen."[102] Wenn Marcuse vom „eindimensionalen Menschen" spricht, trifft er diese Sicht treffen. Zur Freiheit hat uns Christus befreit? Das hat schon bei Paulus nur partiell geklappt, wenn wir seine ethischen Aussagen etwa zur Sklaverei anschauen, aber bei Bonhoeffer in Finkenwalde ist Freiheit eher ein Fremdwort.

Bonhoeffer lehrte den heranwachsenden Pfarrern im Finkenwalder Predigerseminar kompromisslos, dass die Sünde das Zentrum des Menschen ist. Zugespitzt: Bonhoeffers Sünde liegt in seiner axiomatischen Anthropologie. Diese formulierte er so, als hätte sie ihm Gott selbst diktiert. Bei ihm klänge es so: „Wir müssen es wagen, an Gottes Stelle für ihn zu reden...".

Diesen Mut hatte er. Aber ist es wirklich nur Mut? Ist es nicht auch Unverfrorenheit, eine quasi göttliche Position einzunehmen? Seine hamartiologische Anthropologie ergibt sich aus nichts, was für andere nachweisbar wäre. Das gilt auch für die Bedeutung der Heiligen Schrift als direktes Wort Gottes. Gott selbst müsste ihm offenbaren, was er von den Menschen hält und dass die Bibel sein authentisches Wort ist. Aber Bonhoeffer beruft sich nicht auf eine Offenbarung, die er gehabt hätte.

---

[102] Seelsorgevorlesungen S.379

Dass ein Seelsorger „Mut" aufbringen muss, für den anderen zu entscheiden, formuliert er als: Er muss „es wagen". Heute wirkt dies total übergriffig. Diese Übergriffigkeit legitimierte Bonhoeffer dadurch, dass der Seelsorger Gott vertritt. Zwar betonte Bonhoeffer, der Seelsorger sei nicht besser als der Pastorand und brauche noch vor diesem die Seelsorge. Aber nirgends wird sichtbar, wodurch sich Gott in das Geschehen einmischt.

Bonhoeffer gehörte zu den Theologen, die über Gott besser Bescheid wissen als es überhaupt möglich ist. Er formulierte über Gottes Handeln axiomatische Aussagen. Ein Advocatus Dei könnte ein Pamphlet „Von der Freiheit eines Christengottes" verfassen. Zumindest in seiner Seelsorgelehre hatte Bonhoeffer Gott theologisch fest im Griff. Bonhoeffer schien ganz im Sog seiner theologischen Generation ein Drehbuch für Gottes Wirken zu schreiben.

Heute wird Seelsorge eher im entgegengesetzten Stil praktiziert. Der Zeit gemäß darf jeder seinen persönlichen Glauben haben. Jeder hat seine eigene Vorstellung von Gott, sein eigenes Gottesbild – „und das ist gut so…". Nein, das ist alles andere als gut. Die Einstellung suggeriert, dass Gott sich nicht eindeutig zu erkennen gibt, sondern mit dem facettenreichen Spektrum der Gottesbilder identisch ist.

Damit gibt man Feuerbach Recht: Gott erschaffen sich Menschen durch ihre Projektionen. Objektiv gesprochen behält Feuerbach Recht. Subjektiv weiß ich es besser, denn ich habe Gott erfahren. Aber das lässt sich nicht kommunizieren, wenn nicht Gott selbst kommuniziert. In der religiösen Fachsprache verfügen wir hier über den Begriff „Spiritus sanctus", „Heiliger Geist".

8.4 Gesetz und Evangelium

Das damals zentrale Thema des Verhältnisses von Gesetz und Evangelium griff Bonhoeffer auch bei der Poimenik auf: „Besondere Aufmerksamkeit gebührt in der Seelsorge dem Gebrauch von Gesetz und Evangelium. Es steht außer Frage, daß man im konkreten Fall mit dem Gesetz beginnen muß. Die Sünde hindert den Menschen am fruchtbaren Hören des Wortes."[103]

Es fällt schwer, hierauf sachlich zu reagieren, wie es sich in pseudowissenschaftlichen theologischen Diskursen eingebürgert hat. Die Diktion provoziert Reaktionen. Das ist „Bonhoeffer zum Abgewöhnen". Die Sprache verrät den Sündenfall des universitären Theologen. Bonhoeffer tappte in die Falle seiner Zeit. Wie ein Argument benutzte er „Es steht außer Frage, daß...". Nein, für einen Wissenschaftler

---
[103] S.377

gilt das eben nicht. Nichts steht außer Frage. Richtig wäre: „Ich bin der Überzeugung, daß…"

Im Unterschied zu Bonhoeffer bin ich der Überzeugung, dass man in jedem Fall mit dem Evangelium beginnen muss. Bonhoeffers Anthropologie besteht aus permanenter Eisegese, die den Menschen seiner gottgegebenen Würde beraubt und Gott seine göttliche Souveränität nimmt. Die Sprache ist verräterisch: „Auch hier ist zunächst ohne Gebot zu sagen: ‚Tu es trotzdem! Nimm dir Zeit, Ruhe, Geduld. Sonst zeigst du, daß du nicht willst.'"[104] Bonhoeffer formuliert das, was er als „ohne Gebot" bezeichnet, als Gebot: !. Dahinter steht angeblich der „gnädige Gott", aber nirgends wird klar, wo dieser gnädige Gott gnädig ist.

Zwar wollte Bonhoeffer keine billige Gnade, aber er band das teuer an gnadenlose Manipulation durch den Seelsorger. An keiner Stelle erschließt sich, wie konkrete Menschen, die konkrete Pfarrer werden, die Befähigung zum Seelsorger überhaupt erhalten können. Angeblich handelt es sich um das Wort Gottes, das zugesprochen werden soll. Wie bekommt der Seelsorger dieses „Wort Gottes"? Bei Bonhoeffer wirkt es so, als würde er sagen, man brauche zum Operieren ein Skalpell (Arztsohn!) und

---

[104] S.376

das Skalpell als solches würde dann die Operation durchführen.

Die Sprache bleibt verräterisch: „Ein Irrtum ist nicht ausgeschlossen. Aber dies muß der Seelsorger auf sich nehmen. Er nimmt dem andren die Verantwortung für die Richtigkeit seines Handelns ab. Dem anderen bleibt nur übrig zu gehorchen.... Ohne solch tiefen Eingriff in fremdes Leben geht es nun einmal nicht in der Seelsorge."[105] „geht es nun einmal nicht" ist eine fatalistische Formulierung, die nicht zum lebendigen Gott passt, sondern zu der Fiktion eines Gottes, den man für die Wirklichkeit behauptet. „Gott" erscheint als Projektion des Zeitgeistes aus dem ersten Drittel des 20. Jahrhunderts. Den Begriff „Eingriff" verwenden auch die Mediziner. Sind wir die Chirurgen Gottes? Mit welcher Qualifikation? Schulmediziner verwenden Verifikationsmethoden wie Wiederholbarkeit oder Beobachtungen bei relevant großen Versuchsgruppen. Welche Verifikationsmethoden können Schultheologen aufzeigen? Wenn es um Gott geht: Keine!

Die Medizin war zu Bonhoeffers Zeit nachhaltig um die Psychologie erweitert worden und sein Vater spielte in dieser Szene in Berlin mit. Sohn Bonhoeffer leistete der

---

[105] S.377

Psychologie Widerstand (eine Vokabel, die Psychoanalytikern sehr vertraut ist) und wertete in den Seelsorgevorlesungen diesen Berufsstand ab.

Überheblich äußerte sich der Psychiatersohn über die Psychotherapeuten, weil sie quasi die Putzarbeiten in der Seelenarbeit machen und vom Eigentlichen, der Herrschaft der Sünde über die Seele nichts verstehen. Mit der Arroganz des Theologen geht er darüber hinweg, dass in der Psychologie, die es seinerzeit auch schon seit Jahrzehnten gab, wichtige Erkenntnisse gewonnen wurden, die empirisch belastbar waren – im Kontrast zu vielen theologischen Behauptungen, die nur dadurch überleben können, weil sie eben nicht verifizierbar sind. Falsifizierbar ist so manches, aber das machen theologische Überflieger durch den unerklärlichen Gott intellektuell wieder wett.

Was hätte Sigmund Freud aus dem Londoner Exil seinem Zeitgenossen dazu sagen? Gibt es den Vaterkomplex auch bei den Bonhoeffers? Ein dominierender Vater, dessen Arbeitsfeld nicht die Chirurgie, sondern die Psychiatrie war.[106] Ein Vater, der gut

---

[106] Bei Karl Bonhoeffer habilitierte der von Freud geprägte Arthur Kronfeld 1927 als laut Habilitationsgutachten „Vermittler einer Anschauungsweise, die nicht mehr ignoriert werden darf" mit einer Arbeit über die fundamentale Rolle der Psychologie *in der Psychiatrie*.

differenzieren konnte und dabei dennoch in die Denkweise „lebenswertes Leben / nicht lebenswertes Leben" einstieg und beispielsweise für erblich belastete „Patienten" Verantwortung (Sterilisierung) übernahm, ohne zur Verantwortung gezogen zu werden. Ein Vater, der nach dem Eintritt in den Ruhestand weiterarbeiten wollte, um seine Enkel mitversorgen zu können, deren Väter als Widerstandskämpfer ermordet worden waren.

Bonhoeffers Seelsorgekonzept ist patriarchalisch: Papa weiß am besten, was für den anderen gut ist – Papa ist mal Gott, mal der Seelsorger in Bonhoeffers Sinne. Notfalls experimentiert Papa Seelsorger mit dem anderen (Er „wagt es"...). Vater Bonhoeffer repräsentierte auch das 19. Jahrhundert. In seinen Seelsorgevorlesungen rebellierte der Sohn gegen den Vater und wertete die Psychotherapie ab, aber er imitierte ihn auch: „von oben", auch wenn er das immer Gott überließ, aber Gott kommt eben bei Bonhoeffer ohne Bonhoeffer und andere Pfarrersleut nicht aus....

9 Zeitgenossen in Bonhoeffers Kontext

An dieser Stelle halte ich inne, um einen nicht repräsentativen, aber die Facetten erweiternden Blick auf

---

Mit ihm war die seriöse Psychotherapie in der Charité angekommen. 1929 wurde er evangelisch.

Zeitgenossen von Bonhoeffer werfen, zunächst auf die, mit denen Bonhoeffer in irgendeiner Weise in Beziehung stand, dann auf Pfarrer des gleichen Jahrgangs.

Selbst der emsige Eberhard Bethge konnte in seiner monumentalen Biographie nicht alle Verzweigungen in Bonhoeffers Lebensgeschichte festhalten. So mögen eklektische Beispiele wenigsten andeuten, dass Bonhoeffer zwischen bekannte Zeitgenossen eingebunden war oder wie weniger bekannte ihn wahrnahmen und unbedeutende ihn misshandelten.

9.1.1 Klaus Bonhoeffer und der Widerstand

Dietrichs Bruder Klaus spielte eine zentrale Rolle in der Findung der Weltsicht von Dietrich Bonhoeffer. Mit Klaus verband Dietrich das Kennenlernen seiner deutschen Heimat in Kindheit und Jugend. 1924 reisten beide während Dietrichs Romaufenthalts heimlich nach Libyen[107]. Über ihre eigentümlichen Erlebnisse legten sie den Schleier des Schweigens.

Der fünf Jahre ältere Bruder wurde Jurist und in dieser Funktion bald Syndikus bei der Lufthansa.

In den dreißiger Jahren vermittelte Klaus dem Jüngeren Kontakte zu Kreisen, die sich für ihn auf anderem Weg

---

[107] S.354

nicht erschlossen hätten. In eine Widerstandsbewegung mit Erfolgsaussicht zu kommen gestaltete sich extrem schwierig, da diese sich gegen Spione abschirmen musste. Freilich gehörte Dietrich durch seinen familiären Hintergrund und die persönlichen Beziehungen zu den Junkern zu einem eher vertrauenswürdigen Personenkreis.

Der Widerstand gegen Hitler war das Thema, aber es war auch klar, dass der Weg nach einem erfolgreichen Putsch Richtung Monarchie gehen würde.

Klaus beteiligte sich am Widerstand gegen Hitler und wurde einige Monate nach Stauffenbergs Attentat am 1.10.44 verhaftet. Als Dietrich in der Haft davon erfuhr, brach er seine Ausbruchsvorbereitungen ab, um den Bruder nicht zu gefährden. Für beide endete der Widerstand tödlich. Klaus wurde zwei Wochen nach seinem Bruder am 23. April 1945 in Berlin von Angehörigen der Geheimen Staatspolizei erschossen.[108]

Im Zusammenhang mit Klaus Bonhoeffer erscheint der Name von Otto John, dem späteren ersten Präsidenten des Bundesamtes für Verfassungsschutz, der während Klaus

---

[108] Ich gehe davon aus, dass dieser Mord reine Pflichterfüllung war, aus genuin deutsch-gauländischer Sicht also hochanständig. (für spätere Generationen: 2017 wurde ein Herr Gauland für die AfD in den Bundestag gewählt. Im Reichstag von 1934 wäre er ein vermutlich unauffälliges und staatstragendes Mitglied gewesen.

Tätigkeit als Syndikus mit diesem zusammenarbeitete. Auch John war in den Widerstand eingebunden und gehörte nach dem Krieg zu den wenigen Widerstandkämpfern, die in höhere Positionen gelangten. In den 50ern wurde er unter Mithilfe der „DDR" kaltgestellt. Gerd Bucerius (*1906) vertrat ihn in diesem Prozess juristisch – freilich erfolglos.

9.1.2 Jean Lasserre und der Pazifismus

Jean Lasserre starb am 22. November 1983, auf den Tag genau 20 Jahre nach John F. Kennedys Ermordung. Bonhoeffer überlebte er um 38 Jahre.

Sie begegneten sich, als sie für ein Jahr das Union Theological Seminary in New York besuchten. Bonhoeffer griff seinerzeit den „Versailler Vertrag" mit der deutschen Kriegsschuld vehement an. Trotzdem gingen die „Erzfeinde" (deutsch-französisch) in den Film „Im Westen nichts Neues" (E.M.Remarque). Dieser Film veränderte sie und sie wurden „Erz-Freunde".

Jean war bereits grundsätzlicher Pazifist und vermittelte Dietrich während des Jahres in New York und einer gemeinsamen Reise mit dem Auto durch die USA und Mexiko einen neuen Zugang zur Bergpredigt. In Victoria in Mexiko hielten sie gar als Ex-Erzfeinde Vorträge zur Friedensfrage. Die Frage, was es mit der konkreten Antwort auf das biblische Friedensgebot und mit konkreten Schritten gegen Kriegsanstrengungen auf sich hat, hatte Dietrich seitdem nicht mehr losgelassen.

Die Freundschaft zu Jean hielt auch über den USA-Aufenthalt hinaus. Sie begegneten sich einerseits auf Treffen ökumenischer Verbände, andererseits besuchte Dietrich Jean auch gezielt in den Gemeinden in Frankreich, in denen dieser als Pfarrer tätig war.

In der reformierten Arbeitergemeinde Bruay-en-Artois erlebte er durch ihn dort erstmals eine Straßenpredigt unter Arbeitern. Lasserre, überzeugter Pazifist, sah sich nach dem Angriff der Deutschen auf Frankreich allerdings gezwungen, doch zum Heer zu gehen. In einem klassischen Dilemma für Pazifisten kämpfte er tatsächlich für den Frieden und gegen die Diktatur. Nach eigenem Bekenntnis wurde er dadurch seinem „Herrn untreu". 1966 organisierte er einen Auftritt Martin Luther Kings in Lyon mit.

Ins Zentrum seiner Begründung des Pazifismus stellte er die Mt.5,9 „Selig sind, die Frieden stiften, denn sie werden Gottes Kinder heißen". Nach den für Pazifisten kritischen Erfahrungen mit Diktaturen und Kriegen unterschied Lasserre 1948 kategorisch zwischen einer tötenden und einer nicht-tötenden Gewaltanwendung.

9.1.3 Friedrich von Bodelschwingh, die soziale Eminenz

Friedrich von Bodelschwingh, den Sohn einer Ikone und selbst eine lebende Ikone lernte Bonhoeffer 1933 anlässlich der Formulierung eines evangelischen Bekenntnisses in Konfrontation mit der neuheidnischen Nazi-Religion kennen. Bonhoeffer reiste nach Bethel und Bodelschwingh führte den sozial kritisch engagierten jungen Theologen selbst durch den „Anstalten".[109]

Leider vermochte Bonhoeffer mit seinen Kollegen, unter ihnen der hochgeschätzte Sasse kein Konsenspapier erarbeiten. Die von Bodelschwingh formulierte Version war in Bonhoeffers Augen massiv entschärft. Immerhin gehörte es zu den Nährstoffen der Barmer Theologischen Erklärung.

Als es um die Gefahr der ihm anvertrauten psychischen Erkrankten ging, suchte Bodelschwingh ein weiteres Mal persönlichen Kontakt zu Bonhoeffer. Er benötigte renommierte Hilfe, die er von Prof. Dr. Karl Bonhoeffer erwartete. Dank Dietrichs Fürsprache bekam Bodelschwingh Gutachten des Charité-Arztes für seine Patienten. Karl Bonhoeffer stellte sie neutral sachlich und

---

[109] Bethge 352

erfolgreich aus.[110] Bodelschwingh musste seine Schäfchen nicht an das NS-Regime ausliefern.

Als Bodelschwinghs Amtsbruder, der württembergische Bischof Wurm von diesem Unterlaufen des faschistischen „Euthanasie"-Programms erfuhr, begann er sich für Dietrich zu interessieren und tauschte sich mit ihm auch über Bekenntnisfragen kurz und intensiv aus. Bonhoeffer schätzte Wurm daraufhin besser als früher als einen auch offensiv bekennenden Kirchenfürsten ein.

9.1.4 Martin Niemöller, eine schillernde Person

Als Bonhoeffer mit Friedrich von Bodelschwingh eine Bekenntnisschrift gegen die Nazis verfassen wollte, stieß er auf Martin Niemöller, mit dem ihm im Kirchenkampf eine wechselnde Beziehung verband. 1933 gründeten sie mit anderen den Pfarrernotbund gegen die Arisierung der Pfarrerschaft. Im folgenden Jahr veröffentlichte der ehemalige U-Boot-Kommandant Niemöller sein Buch „Vom U-Boot zur Kanzel". In jener Zeit arbeitete er mit Karl Dönitz, Hitlers späterem Nachfolger, zusammen. Obwohl Niemöller aktiv gegen die Arisierung der Pfarrerschaft vorging, blieb er in seinen Äußerungen

---

[110] Bethge 773

antisemitisch und selbst nach dem Krieg ist seine Stellung zum Staat Israel irritierend.

Nachdem Hitler 1933 den Austritt Deutschlands aus dem verhassten Völkerbund erklärt hatte, erklärte Niemöller im Namen des Pfarrernotbundes dem „Führer" Dank und gelobte treue Gefolgschaft – in lutherischer Gesinnung. Bonhoeffer distanzierte sich von ihm räumlich, indem er nach England ging.

Bonhoeffer kam zu Niemöllers Haus, als dieser am 1. Juli 1937 verhaftet worden war. Nicht nur Niemöllers Gemeinde protestierte durchgehend gegen diese Verhaftung. Niemöller wurde sieben Monate später verurteilt, hatte die Strafe aber durch seine Untersuchungshaft bereits abgesessen. Er war frei, konnte gehen und wurde am Ausgang von der Gestapo in Empfang genommen. Als persönlicher Gefangener Hitlers saß er im KZ Sachsenhausen. Er blieb in KZ-Haft, bis er im April 1945 in amerikanischen Gewahrsam gebracht wurde. Nach dem Krieg hatte er führende Positionen in der EKD, der EK Hessen und Nassau, der Deutschen Friedensgesellschaft und des Ökumenischen Rates der Kirchen. 1984 starb er.

Niemöller fordert zu einer Positionierung heraus. Diese fällt mir nicht leicht, da ich ihn als extrem ambivalent auf meinem Wertehintergrund sehe. Dass Bonhoeffer sowohl mit ihm kreativ kooperieren konnte wie auch entsetzt über ihn war, scheint mir nachvollziehbar und ich schätze es so ein, dass es auch bei dieser Ambivalenz geblieben wäre.

9.1.5 Albrecht Schönherr prägte die DDR-Kirche

Albrecht Schönherr spielte eine prägende Rolle in der Geschichte der DDR, wo er stellvertretender Bischof von Berlin-Brandenburg war, nachdem Kurt Scharf nach dem Mauerbau nicht mehr einreisen durfte. Das Konzept „Kirche im Sozialismus" geht auch auf ihn zurück. Schönherr (1911-2009) war zunächst im Kreis des Studentenpfarrers Bonhoeffer in Berlin, bevor er in den ersten Predigerseminarkurs in Finkenwalde kam. Zeitweise vertrat er Bonhoeffer beim Konfirmandenunterricht in der Familie Kleist-Retzow, was für ein großes Vertrauen in seine Integrität sprach.

In dieser Zeit traute ihn Dietrich mit Hilde Enterlein. 1940 kam er zum Militär, geriet in britische Kriegsgefangenschaft und kehrte 1946 auf sein Pfarramt in Brüssow zurück, das inzwischen offiziell von seiner Frau verwaltet wurde. Schönherr war auf Vermittlung von Stefanie von Mackensen-Astfeld dorthin gekommen. Die Leiterin des Büros des Bruderrats in Stettin war immerhin die einzige Frau, die in Barmen und Dahlem an den Bekenntnissynoden teilgenommen hatte. Sie war die Nichte von Generalfeldmarschall August von **Mackensen**, der als Patronatsherr der Kirchengemeinde im Städtchen Brüssow in der Uckermark die Pfarrstelle zu besetzen konnte.

Ihr Neffe Friedrich, dezenter adeliger Lehrer an meiner evangelischen Schule in Uffenheim, demonstrierte uns unfreiwillig im physischen Bereich, wie gemeinsame Aktionen scheitern können. Er fuhr mit seiner im Frau auf dem Tandem durch unser Städtchen, als es an einem Häusereck nur noch nach Rechts oder links ging. Die beiden entscheidungsfreudigen Partner entschieden sich jeweils für die entgegengesetzte Richtung und brachten durch die entsprechende Bewegung ihr Gefährt ins Schlingern und stürzten. Wir Schüler hatten Mitleid mit den beiden, die sich verletzten, genossen aber dennoch den folgenden Stundenausfall. Mir kommt diese Szene aber immer wieder im politischen Bereich in den Sinn, wenn ich mir beobachte, wie schwierig es ist, als Tandem Führungsaufgaben zu haben und in einer konkreten Situation schnell entscheiden zu müssen. Die „Bekennende Kirche" kam hier oft ins Schlingern. Die Folge war meist weniger ein Sturz als vielmehr totales Abbremsen.

1978 organisierte Schönherr das Treffen des Bundes der Evangelischen Kirchen in der DDR mit Erich Honecker. Die Kirchenpolitik der DDR gestaltete sich daraufhin gemäßigter. Schönherr rückte von der Konfrontation ab und steuerte die Kirche zu einer kritischen Position in der DDR und im Sozialismus hin. Damit wurde seine Kirche zeitgemäß und konnte am gesellschaftlichen Leben teilhaben. Schönherr starb 2009, Bonhoeffer 1945 – was für eine Differenz! Durch Schönherrs Wirken trugen Bonhoeffers Impulse auch in der DDR Früchte. Heute könnte man seine Theologie gerade für die ehemalige DDR fruchtbar machen, denn bevor der reale Sozialismus in Konkurs ging brachte er noch die Kirchen ideologisch in Konkurs. Entsprechend orientiert sich die Ethik der religionslosen „Neuen Bundesländern" tendenzmäßig an der konkret gelebten Lieblosigkeit, also an der Hölle. Das beeindruckende und auch zeitgemäße Konzept Schönherrs trug leider flächenmäßig nur karge Frucht.

9.1.6 Karl Friedrich Bonhoeffer und die Neuzeit

Sieben Jahre älter als Dietrich war Karl-Friedrich[111]. Er schlug erfolgreich eine naturwissenschaftliche Laufbahn ein und durch ihn war Dietrich auch noch in der Nazi-Haft

---

[111] * 13. Januar 1899, Breslau; † 15. Mai 1957, Göttingen

hinsichtlich des naturwissenschaftlichen Weltbildes auf dem Laufenden. Nach seinem Studium der Chemie in Tübingen und Berlin promovierte Karl-Friedrich in Berlin. Von 1923-1930 arbeitete er als Assistent von Fritz Haber. Fritz Haber erhielt den Nobelpreisträger für Chemie 1919, also ein Jahr nach dem Ende des ersten Weltkriegs. Im ersten Weltkrieg setzten die Deutschen als erste Kriegsteilnehmer chemische Kampfmittel ein, ermöglicht durch Fritz Haber. Dieser experimentierte zu Beginn des Ersten Weltkriegs mit Phosgen und Chlorgas. Der „Vater des Gaskriegs" beteiligte sich führend an der Formierung der deutschen Gastruppen, die erstmals Giftgas als Massenvernichtungswaffe einsetzten. Nach heutigen Maßstäben arbeitete Karl-Friedrich an der Seite eines Kriegsverbrechers. Seinen Nobelpreis erhielt Haber jedoch für Forschungen, die intensive Düngemittel ermöglichten und damit der weltweiten Ernährung dienten.[112]

Als Professor für physikalische Chemie wirkte Bonhoeffer in Frankfurt und Leipzig. 1938 wurde er zum Mitglied der Gelehrtenakademie Leopoldina[113] gewählt.

---

[112] „für die katalytische Synthese von Ammoniak aus dessen Elementen Stickstoff und Wasserstoff"
[113] Siehe Helmut Schoßwald, Die Mitglieder der Leopoldina Leipzig-Schweinfurt, 1988

Nach dem Krieg agierte er als Professor für physikalische Chemie an der Universität Berlin. Unter die Widerstandkämpfer ist er im Gegensatz zu seinen Brüdern nicht einzureihen. Für Dietrich wichtig wurde er als Verbindungsglied zur modernen Naturwissenschaft, die lange Zeit im Zentrum einer modernen Weltsicht stand, in der Zeit vor der Postmorderne.

9.1.7 Gaetano Latmiral, kein Held

Wenn man sich überlegt, wie lange der Ingenieur Gaetano Latmiral, der für Mussolini und Hitler im kriegstechnisch relevanten Bereich der Radartechnik arbeitete, letztlich lebte, kann man schon verzweifeln. Der Mann wurde 86 Jahre, Bonhoeffer lebte nicht einmal halb so lange. Daß er über Bonhoeffer, seinen Mitgefangenen Zeugnis ablegte, wirkt ein bisschen lächerlich.

Latmiral (1909-1995) wurde 1943 verhaftet. Zu seinem Pech hatte Benito Mussolini, der italienische Faschist[114] die Achse Rom-Berlin gekappt. In Sekunden wurden aus Freunden Feinde und Latmiral Staatsgefangener in Tegel.

---

[114] In Italien ist der Faschismus ungebrochen, wie wir an Berlusconi sehen, mit seiner Mussolini-Enkelin als Ministerin– keineswegs als schuldbewusste Kritikerin der Politik ihres Großvaters. Manchmal hat man den Eindruck, (West-)Deutschland sei das einzige Land mit einer wirklichen Verarbeitung seiner faschistischen Vergangenheit.

Bonhoeffer sprach natürlich excellent Englisch, aber auch etwas Italienisch[115], nicht zuletzt wegen seines Rom-Aufenthaltes. Er durfte dort mit Bonhoeffer im Gefängnishof „spazierengehen". Dabei entstand das letzte Foto von Bonhoeffer. "Ich denke, er hatte eine so feste Hoffnung, dass Gott durch Christus alles wiederbringen wird, alles vollenden wird, deswegen war er so ruhig", notierte Latmiral nach der Befreiung.

9.1.8 Manfred Röder, Un-Richter gegen Bonhoeffer

Unter Manfred Röders Aufsicht gaben sich Bonhoeffer und seine Verlobte ihren ersten Kuss – im Gefängnis. Aber er war ein „faschistisches Schwein", ein Jurist mit der weitverbreitenden Gewissenlosigkeit jenes Berufsstandes. Mindestens 45 Todesurteile ergingen unter seiner Mitwirkung durch das Reichskriegsgericht gegen Widerstandskämpfer der „Roten Kapelle". Selbstverständlich erhielt er nach dem Krieg eine stattliche

---

[115] Zu meiner Überraschung hatte mein Vater (*1927) rudimentäres Italienisch gelernt. Als ich ihn als Jugendlicher nach dem Grund befragte – denn mit Englisch lief es selbst in einer Stadt mit GIs und Tanten und Cousinen, die mit US-Soldaten ins Land der unbegrenzten Möglichkeiten emigriert waren, nicht gerade gut – erklärte er mir die Achse Rom-Berlin. Italienisch sei die Sprache der Zukunft gewesen. Darüber, dass diese Zeit einschließlich ihrer Aliancen ein Weg zur Hölle gewesen sei, hatte er längst mit seinem Sohn gesprochen.

staatliche Pension als Generalrichter und unterzeichnete später als kommunaler CDU-Politiker seine Briefe mit „Generalrichter zur Wiederverwendung".

Ist es nicht entsetzlich, welche Kumpanei unter deutschen Juristen stattfindet. Offenkundig wird Juristen in ihrer Ausbildung und während ihrer Karriere systematisch Unrechtsbewusstsein und Gerechtigkeitsempfinden ausgetrieben, was erschreckend viele moralisch nicht überleben, wie wir Gerichtsurteilen und ihren Begründungen entnehmen können. Manche denken bei „Parallelgesellschaften" an Muslime. Viel krasser ist die juristische Parallelgesellschaft.

9.1.9 Hans Meiser, Klientel-Widerstand

Meist werden Theophil Wurm und Hans Meiser, die beiden süddeutschen evangelischen Bischöfe in einem Atemzug genannt, wenn es um das Verhältnis der evangelischen Kirchen zum Nationalsozialismus geht. Aber der bayerische Landesbischof Hans Meiser spielte eine im engeren Sinn zwiespältige Rolle.

Immerhin stellten ihm die Nazis nach, nachdem er Hitler im persönlichen Gespräch unter Zeugen erklärte, die Kirche werde „allergetreueste Opposition" werden, wenn Hitler bei seiner Linie bliebe. Hitler muss ausgerastet sein...[116] Die aus diesem Gespräch kolportiere Formulierung „allergetreueste Opposition" klingt aus dem Mund eines prinzipiell obrigkeitshörigen (Röm.13) Lutheraners nachgerade satirisch.[117]

Andererseits enttäuschte Meiser viele Christen, die versuchten, die Nazis aktiv zu bekämpfen, weil er häufig in eine diplomatische Position abtauchte. Ich denke gerade an den Schriftwechsel mit Karl Steinbauer.[118] D

Steinbauer dokumentierte, dass Meiser, nachdem Veit zum Rücktritt gepresst worden war, drei Tage später (am 15.4 nach dem 12.4.) die Beflaggung zu Hitlers Geburtstag anordnete. Immerhin hatte sein LKR zwei Tage zuvor erklärte, dass der NS-Staat sich „der freudigen tätigen Mitarbeit der Kirche sicher sein" dürfe. Einen Monat später

---

[116] Laut Wikipedia soll er geschrien haben: „Was sagen Sie? Allergetreueste Opposition? Feinde des Vaterlandes, Verräter des Volkes sind Sie." Adolf Hitler beim Treffen am 13. März 1934 mit den Bischöfen Meiser und Wurm.
[117] Eugen Gerstenmaier, als Mitglied der Widerstandsgruppe *Kreisauer Kreis* nach dem 20.Juli 1944 verhaftet, hielt im Rückblick fest, dass Wurm und Meiser die Widerstandkämpfer ermutig hätten, die unvermeidliche Tat des Staatsstreiches zu wagen. Man kann sich kaum vorstellen, dass dies in offenen Worten geschah; das würde nicht zu ihrem übrigen Verhalten passen.
[118] Steinbauer, „Einander das Zeugnis gönnen". S.15. Näheres s.u.

macht sich Meiser für Müller gegen von Bodelschwingh als „Reichsbischof" stark.

Diplomatie konnte manches bewirken, aber noch mehr ließ sie zu. Immerhin stand Meiser mindestens ein dreiviertel Jahr zum Stuttgarter Schuldbekenntnis. Führende Vertreter des Judentums nahmen ihm dies auch persönlich ab.

1933 sagte er: „Es kommt jetzt nicht so sehr darauf an, den kirchlich geeignetsten Mann zu wählen, sondern es kommt alles darauf an, den Vertrauensmann des Führers zu wählen."[119] Am 20 März 1936 fordert er die bayerischen Evangelischen auf, die NSDAP zu wählen, und namentlich Adolf Hitler, Heß, Frick, Göring und Goebbels.[120]

Ich wollte Meiser nur kurz streifen, aber als ich zwecks Dokumentation wieder zu Steinbauers Schrift griff, schien mir Kürze unangemessen. Meiser steht gerade für diejenigen Menschen in Führungspositionen, die irgendetwas Gutes wollten und zum Erreichen des Zieles auch das Böse unterstützten.

---

[119] Steinbauer S.16

[120] Steinbauer, S.21 „…dass wir unsere Pflicht gegen Volk und Führer kennen…" Als Steinbauer nach dem 99%-Wahlerfolg von Hitler am 31.3. das angeordnete Läuten der Kirchenglocken verweigerte, wurde er in „Schutzhaft" genommen. Das würde heute passieren, wenn Mr. Trump uns „besuchen" würde, man vor der Reaktion mancher Leute Angst hätte und sie ebenfalls in Schutzhaft kämen…

Mit den Augen des Seher Johannes (Apokalypse) betrachtet, wird er vermutlich als eine Mischung von warm und kalt, also als lau eingestuft. Was dies bedeutet, entnehmen Kenner den Heiligen Schriften. Unmissverständlich formuliert: An Hans Meisers Verhalten gibt es vom genuinen Glauben an den Christus Jesus von Nazareth her vieles fundamental zu kritisieren. Diese kritische Sicht gilt seitdem allen bayerischen Landesbischöfen. Sie müssen zeigen und beweisen, dass sie aus der Vergangenheit gelernt haben und nicht nur wie seinerzeit Bundeskanzler Schröder behaupten „Wir haben verstanden!".

Wie jener unbedeutende Zimmermann aus Nazareth, nach dem sich heute Milliarden von Menschen benennen, sagte: „An ihren Früchten werdet ihr sie erkennen…". Er säuselte eben nicht „An ihrem diplomatischen Charme werdet ihr sie erkennen…". Jeder Kirchenführer sollte wissen: Jesus jubelten die Massen nicht nur zu, sie skandierten auch „Kreuzige ihn!".[121]

---

[121] Oder so: Dieselben Kirchenvorsteher, die sagten: „Ich bin stolz, so einen Pfarrer zu haben!" und dem Nachbarkirchenvorstand zuriefen: „Nein, unseren Pfarrer geben wir nicht her!", drängten wenige Wochen später Dekan und Regionalbischof, mich aus der Gemeinde zu werfen. Erfolgreich natürlich… ohne artikulierten Vorwurf.

Die etliche Jahrzehnte als Lichtgestalt kirchlicher Standhaftigkeit gepriesene bayerische Bischofsgestalt Hans Meiser entlarvte sich selbst öfters, auch schon im „Dritten Reich", wo es ihm nur um sein eigenstes Klientel, aus dem er bereits die „jüdischen" Pfarrer ausgeschlossen hatte, ging. In der Bundesrepublik demaskierte er sich z.b. durch die Weigerung, bei der Enthüllung einer Gedenktafel an Dietrich Bonhoeffer im KZ Flossenbürg (Regierungsbereich der Evangelisch-Lutherischen Kirche von Bayern) beizuwohnen.

10 Theologen *1906: Ernst Käsemann und Karl Steinbauer

Zu Bonhoeffers Jahrgang 1906 gehören die Theologen Ernst Käsemann und Karl Steinbauer.[122] Beide standen um 1931 dem Nationalsozialismus positiv gegenüber, weil sie sich von ihm soziale Fortschritte erhofften in sozial problematischen Gemeinden engagiert waren. Ihre positive Haltung änderte sich, als sie die menschenverachtende (und kirchenfeindliche) Entwicklung der NSDAP registrierten. Beide kamen wegen ihrer kritischen Äußerungen in Haft.

---

[122] Bethge nennt nur Karl Steinbauer als „Ausnahmebayern". S.653

Im Frühjahr 1977 erlebte ich die beiden in einem Gespräch, ausgerechnet in dem nach Werner-Elert benannten Studentenhaus in Erlangen neben der theologischen Fakultät. Es war noch vor den später „deutscher Herbst" genannten Ereignissen. Gleichwohl waren die RAF und ihre politisch artikulierten Anliegen präsent und zugleich die Generation unserer Eltern in der Verantwortung, teilweise in Fortschreibung ihrer Biographien aus den 40er Jahren. Was immer die „Revolutionäre" unserer Generation an Verbrechen verübte, es war auch im Nachhinein nichts im Vergleich zu dem, was die Generation unserer Eltern und Großeltern zu verantworten hatten. Die RAF stand nicht für Massenhinrichtungen, systematische Menschen- „vernichtung", Krieg mit all seinen Gräueln, Zerbomben von Städten oder, um die USA mit einzubeziehen, auch keinen Einsatz von Atomwaffen. Die eigentliche Schuld hatten die beiden Generationen vor uns auf sich geladen. Das bleibt auch so, zumindest im deutschen Bereich.

Wir standen denjenigen kritisch gegenüber, die entweder das „Dritte Reich" bagatellisierten oder gar Traditionen fortsetzten. Freilich waren wir, wie Studenten aller Jahrgänge, gleichzeitig ziemlich naiv. Die Anhänger des konservativen RCDS verzichteten jedoch auf ihre Pubertät und Mannwerdung, wenn sie einfach den Wegen ihrer Väter folgten. Es ging wirklich um die „Väter": Frauen spielten im Generationenkonflikt nur am Rande eine Rolle. Viele prägte noch die väterlose Generation, nicht die mütterlose...

Uns gegenüber saßen ein emeritierter Theologieprofessor und ein emeritierter Gemeindepfarrer. Genauso unterschiedlich war auch ihr Habitus. Karl Steinbauer brachte seine Anliegen drastisch wie beeindruckend zum Ausdruck. Die DDR war übrigens noch Realität, also eine Diktatur auf deutschem Boden.

„Man konnte nichts wissen? Ich hatte in der Zeitung gelesen, wie NS-Männer Kommunisten in ihren Betten zu Tode trampelten. Da wusste ich alles." erklärte Steinbauer mit gefurchter Stirn.

Beim Thema „Widerstand" als Gebot für Christen breitete Karl Steinbauer seine Arme weit aus: „Im Dritten Reich war es lebensgefährlich, kritisch zu den Nazis Stellung zu nehmen. Man wurde verhaftet, kam ins KZ und wurde ermordet." Stille. „Oder?" Stille. „Aber ich sitze hier vor euch. Man konnte seinen Mund aufmachen und überleben, aber es haben zu wenige ihren Mund aufgemacht[123]" Steinbauer verstand es, prägnant zu reden, Käsemann differenzierte deutlicher.

Es war noch vor dem Herbst 1977 und vor der Ermordung von Ernst Käsemanns Tochter Elisabeth. Ernst Käsemann war leiser, dabei auch dezidiert, aber stets differenzierend. Wer seinen Römerbriefkommentar von 1974 liest, kann gerade bei Römer 13, wo es um das Verhältnis zum Staat geht, irritiert sein, wie dieser Mann, der den Urrechtsstaat massiv erlebt hat, sich fast schon auf Textkritik beschränkt und inhaltlich sehr abstrakt Position bezieht. Der Prediger Steinbauer wird wesentlich nachdrücklicher und anschaulicher.

Steinbauer[124] kritisierte die Nazis von der Bibel her. Sehr drastisch erklärte er zur Rassendoktrin: *„Ich kann doch im Unterricht den Kindern nicht sagen: Heute erzähle ich euch von Leuten aus der Bibel, die leider keinen Arierpaß hatten."* Mit einem solchen Herunterbrechen auf direkteste Plausibilität übertraf er seinen obersten Dienstherrn Hans

---

[123] Mein Großvater, ein Berufsschullehrer, machte seinen Mund auf. Er bekam Berufsverbot und die SS durchsuchte immer wieder sein Haus – also auch das der Familie, die dadurch sowohl eingeschüchtert wie auch in der Nachbarschaft kritisch betrachtet wurde. So einfach war es mit dem Mundaufmachen nicht. Meine Großmutter mahnte ihren Mann: „Denk auch an deine Familie. Von irgendetwas müssen wir leben."
[124] Karl Steinbauers „Einander das Zeugnis gönnen" gibt es leider nur im Selbstverlag bei „Copy-Center 2000' in Erlangen.

Meiser qualitativ derart, dass man sich fragen kann, weshalb der bayerische Landesbischof sich nicht furchtbar schämte und entsprechend agierte. Steinbauer wurde zumindest nicht müde, Meiser schriftlich auf diese Aspekte hinzuweisen.

Steinbauer schreibt: „In anderer Situation wurde mir eröffnet: ‚Was Sie theologisch sagen, ist alles sehr fein, aber wir müssen mit gegebenen Tatsachen rechnen.' Was könnte anders geantwortet werden: ‚Fragt sich nur, ob der Herr Christus auch noch eine gegebene Tatsache ist, mit der in der Kirche Christi gerechnet werden darf.'"[125] Die Damen und Herren der oberen Etagen der bayerischen Landeskirche rechnen 500 Jahre nach Luther nicht mehr mit Christus… Wie sollten sie auch! Jesu Karriere endet am Kreuz und Bonhoeffers am Galgen.

Wenn das Jüngste Gericht nicht aus versierten deutschen Juristen wie Jens Meier[126] aus Dresden besteht, geht es Meiser schlecht – zu Recht, denn er hätte den jüdischen Theologen Jesus aus der Kirche verbannt und zu seiner Vernichtung geschwiegen. Nein, das <u>hätte</u> er nicht, sondern

---

[125] Zeugnis S.13.
[126] Seine AfD steht nicht auf den Boden der FDGO. Doch auch in den 70ern hätte er seinen Posten nicht verloren, denn das Bekenntnis zur Grundordnung wurde nur von den „Linken" verlangt, nicht von den „Rechten", wie man u.a. an den Mitgliedern der Union sehen kann, die grundgesetzwidrig Wiedereinführung der Todesstrafe forderten.

das hat er! Mt.25: „Was ihr einem der geringsten meiner Brüder getan habt, das habt ihr mir getan." Laut Mt.25 folgen Höllenqualen.[127] Wo mag H.M. wohl stecken?

Ein Kommissar wies 1936 bei einem Verhör Steinbauer - vielleicht sogar wohlmeinend - auf die Sanktionen hin, die ihm vom nationalsozialistischen Staat drohten, wenn er weiterhin seine kritischen Ansichten verbreitete. Der Pfarrer reagierte mit unüberhörbarer Überzeugung: *„Aber schauen Sie, mir droht noch eine viel furchtbarere Sache als Dachau. Mir droht das Jüngste Gericht"*. Seinerseits drohte er dem Kommissar nicht, aber er wies ihn auf etwas hin, das auch diesen bedrohen werde: *„Der Tag kommt, an dem vor dem wiederkommenden Christus alle Menschen auf den Knien liegen, Adolf Hitler, Sie und ich."*

1936 waren die Nazis effektiver als der wiederkommende Christus. Als der Seelsorger Steinbauer das Verweigern des Läuten der Kirchenglocken für Hitlers „Wahl"-Sieg begründete: *„Die Wahl war ein auferlegter Schwindel und lügen muss man ohne Gott"*, kam er am 20. Juni 1936 in Schutzhaft – nicht zum letzten Mal. Dass er vierzig Jahre später noch lebte, interpretierte er dahingehend, dass die Furcht anderer Zeitgenossen nicht

---

[127] vgl. als Schilderung: „Lucy, der Himmel und ich" S.144ff.

unberechtigt, aber angesichts der Dimension des Unrechts unangemessen war.

Auch Ernst Käsemann verhaftete man wegen seines Predigens. Er interpretierte Jesaja 26,13 am 15. August 1937: „Herr, unser Gott, es herrschen wohl andere Herren über uns denn du, aber wir gedenken doch allein dein und deines Namens." In der Gestapohaft schrieb er 1937 seine Habilitation über „Das wandernde Gottesvolk".

10.1 Die Ermordung von Elisabeth Käsemann

Exakt vierzig Jahre später wurde seine sozial aktive Tochter Elisabeth von der argentinischen Militärjunta ermordet. Der Außenminister Genscher war durch diverse hochgestellte Persönlichkeiten der Kirche über eine drohende Ermordung von Frau Käsemann in politischer Haft informiert, schüttelte es aber ab. Er hätte eingreifen können – ebenso wie Herr Neuberger, der Chef des DFB (die Nationalmannschaft war in Vorbereitung der Weltmeisterschaft gerade in Argentinien). Der deutsche Botschafter[128] bewies Standhaftigkeit im Lügen. Die Lügen entlarvte er durch Selbstwidersprüche wie „Ich hatte von allem keine Kenntnis" und „Frau Käsemann hatte

---

[128] Wir geben ihm nicht die Ehre, auch noch seinen Namen zu nennen. Er möge anonym verscharrt werden wie die Opfer seiner Feigheit.

terroristische Ansichten". Wenn er keine Kenntnis hatte, dann auch nicht von diesen Ansichten – aber logische Argumentation war noch nie das Anliegen von Faschisten, auch nicht von denen im diplomatischen Dienst.[129] Dass die Militärjunta ihre eigenen terroristischen Ansichten umsetzte war für den Herrn Botschafter wie für den Ausminister Genscher kein Thema. Ein gelber Pullunder und ein paar Sätze von einem Botschaftsbalkon in Prag 1989 sind publikumswirksam, wiegen dies aber vor dem Jüngsten Gericht nicht auf[130].

Der damalige Staatsminister Klaus von Dohnanyi sah das selbstkritischer. Freilich wurde sein Vater Hans, ein Schwager von Dietrich Bonhoeffer im Zusammenhang mit dem Widerstand gegen die Nazis kurz vor Kriegsende im KZ Sachsenhausen ermordet. Dass ein solcher Mann sich 1977 in der einflussreichen Stellung als Staatsminister nicht

---

[129] „Diplomat" wurde ebenso wie „diplomatisch" zum Schimpfwort. Es steht zu oft für Unaufrichtigkeit, Lüge und Feigheit. Diplomaten sind Feiglinge. Vgl. „Rekrut am Rande eines Völkermords: Als deutscher Soldat im türkischen Heer", das die deutschen Verwicklungen in den Völkermord an den Armeniern in der entstehenden Türkei dokumentiert. Dort sind freilich die Kotaus von Bundeskanzlerin Merkel gegenüber dem Diktator Erdogan noch nicht festgehalten. – Schande über sie und Ko-Akteurinnen.
[130] Das wage ich zu sagen, obwohl ich diesem Gericht nicht angehöre, sondern ebenfalls unterworfen bin. Aber durch Jesus wurden die Maßstäbe klar.

erfolgreich für eine Frau einsetzen konnte, die in einer ähnlichen Situation wie sein Vater war[131], verstört und lässt an der Integrität weniger dieses Mannes als vielmehr unserer Republik zweifeln. Ist unser Land gegenüber dem Nationalsozialismus wirklich moralisch überlegen? Das lässt sich mit Fug und Recht bezweifeln.

Ernst Käsemann war kein Nobody, er verfügte deutschlandweit über gute Kontakte. Und doch sah er sich leblosen Mauern gegenüber. Man muss schon über eine sehr gute Interpretation der Theodizeefrage verfügen, um in seiner Situation nicht den Glauben an Mensch, Gott und Gerechtigkeit zu verlieren. Zwei Jahre später schrieb mir Ernst Käsemann: Sie sehen, „dass ich Gottes Gerechtigkeit als sein heilsetzendes Recht auf seine Geschöpfe, also als seine gnädige Herrschaft verstehe. Jeden Menschen geht das an, weil niemand ohne Herrn ist. Gottes Gerechtigkeit meint… Einbruch in die Gottlosigkeit und Befreiung aus der Gewalt der Mächte. Das revolutioniert alle unsere Verhältnisse, gerade auch im Kapitalismus."[132]

---

[131] Aus argentinischer Sicht gesehen lange nicht so problematisch, denn sie war ja in keinen Umsturzversuch verwickelt.
[132] Schreiben vom 27.5.1979

Käsemann musste ähnliche Erfahrungen wie Bonhoeffer machen, obwohl er inzwischen in einer Demokratie – noch dazu sozial-liberal regiert – lebte. Bonhoeffers starke Kontakte innerhalb von Politik und Justiz halfen ihm letztlich nicht, ebenso wenig wie seinem Bruder. Die von Käsemann genannte „Befreiung aus der Gewalt der Mächte" beschreibt nicht die Gegenwart oder Vergangenheit, sondern die Hoffnung.

10.2 Kirche ohne Biss

Erweist sich die evangelische Kirche in Deutschland heutzutage der im Dritten Reich zivilcouragemäßig als überlege? Bei der Bundestagswahl 2017 hängte die NDP Plakate auf, auf denen Luthers Konterfei zu sehen war und daneben stand: „Ich würde NPD wählen... ...ich könnte nicht anders." Der Ratsvorsitzende der EKD ließ mir auf meine Anfrage hin mitteilen, es würden juristische Schritte geprüft (ein halbes Jahr später). Diese Kirche traut sich nicht zu, in der Offensive erfolgreich zu sein. Sie traut aber auch der deutschen Juristerei nicht allzu viel zu, denn wenn die Schritte ein halbes Jahr lang geprüft werden, dann scheint die Angst, zu verlieren, hoch zu sein. Wen wundert's, wenn man sieht, wie wenig die deutsche Justiz der NPD entgegen zu setzen weiß – mit wohlfeilen Argumenten wie Beobachtbarkeit, die einen schalen Geschmack hinterlassen, wenn man sieht, wie diese Justiz gegen „linke" Kräfte vorgeht.

Wörtlich antwortete das Büro des Ratsvorsitzenden der Evangelischen Kirche in Deutschland: „...Ihre Empörung bezüglich der Wahlplakate der NPD mit dem Bild Luthers können wir gut nachempfinden. Eine EKD-Sprecherin betonte: ‚Martin Luthers bekannter Satz ‚Hier stehe ich, ich kann nicht anders' von 1521 taugt in keiner Weise für eine Rechtsaußen-Instrumentalisierung.'

‚Martin Luther' ist jedoch keine geschützte oder schützbare Marke. Juristisch können wir kaum etwas dagegen tun. Auch wenn wir es nicht gutheißen, dass Martin Luther für den Wahlkampf einseitig missbraucht wird.

Mit einer öffentlichen Stellungnahme oder Kommentierung seitens der EKD sind wir allerdings zurückhaltend. Es ist zu befürchten, dass dadurch der damit werbenden Partei und ihren Plakaten eine Aufmerksamkeit zuteilwird, die wir ihr nicht beimessen möchten. Oft wird gerade mit einem solchen Skandalon kalkuliert.

Dennoch spricht nichts dagegen, sich inhaltlich vor Ort kritisch gegen das Plakat zu positionieren.

Die Stiftung Luthergedenkstätten in Sachsen Anhalt, bei der die Rechte an dem verwendeten Bild liegen, prüft derzeit rechtliche Schritte bzw. hat diese eingeleitet. Allerdings offensichtlich bislang ohne Erfolg."[133]

... Aha.

Diese Argumentation ist in sich nicht gerade stimmig und in etwa so straight wie eine EKD-Denkschrift.

---

[133] Mail vom 20.9.17

11 Pfarrersein als Widerstand

Zunächst ging es auch Bonhoeffer im beginnenden Widerstand um das Intaktbleiben der Kirche, um die Souveränität der Verkündigung und des kirchlichen Handelns. Zunehmend kristallisierte sich jedoch heraus, dass die Kirche Jesu Christi kein Selbstzweck ist und dass es die Menschlichkeit in der ganzen Gesellschaft zu verteidigen galt. Die Nazis schlossen 1937 das Finkenwalder Predigerseminar und verhängten 1938 gegen Bonhoeffer als Angehörigem der Bekennenden Kirche ein Aufenthaltsverbot in Berlin.[134] Durch ihre Reduktion auf das Bekenntnis (was Karl Barth aus dem Schweizer Exil mahnend kritisierte), war die Bekennende Kirche zu einem Ort der inneren Emigration mutiert. Das Bekenntnis zeigte keine Wirkung von Jesu Menschenliebe für die konkrete Gesellschaft. Ein solches Bekenntnis ist nicht einmal mehr ein Vakuum; es ist weniger als nichts.

1938 wurde von der Reichskirchenregierung den Pfarrern ein Loyalitätseid auf Hitlers Person verordnet. Am 9. November 1938, der sog. Reichskristallnacht war die Kirche nicht mehr in der Lage, öffentlich Stellung zu beziehen. Im Sommer 1939 flog Bonhoeffer in die USA.

---

[134] Später durfte er immerhin seine Eltern besuchen.

Dort rang er mit den Alternativen, sich in den USA als Theologe niederzulassen oder in die Heimat zurück zu kehren, in der Krieg drohte. Ende Juli entschied er sich für den „Kampf" in Deutschland. Das bereute er nicht, bezahlte es aber mit dem Leben.

Trotz Krieg arbeitete er zunächst er nach seiner Rückkehr in Hinterpommern weiter. Dabei intensivierte er seine Kontakte zum Widerstand und ließ sich bei der Abwehr als ziviler Mitarbeiter einstellen. Das ermöglichte ihm, auch ins Ausland (Schweiz, Skandinavien, Italien) reisen und Kontakte aufnehmen oder pflegen.

1942 traf er George Bell, den Bischof von Chichester in Schweden. Er weihte ihn in konkrete Putschpläne ein, um als Gewährsmann in England das dortige Außenministerium zu unterfüttern. Bells politische Kontakte auf höchster Ebene führten jedoch zu nichts. Innenpoltisch konkurrierten Nazi-Abteilungen und versuchten, sich gegenseitig auszubooten, auch mit Bespitzelungen. Himmler und Keitel beargwöhnten die Abwehrabteilung und dadurch wurde es für Bonhoeffer immer bedrohlicher.

Im Januar 1943 verlobte Bonhoeffer sich mit Maria von Wedemeyer[135] der Enkelin seiner Gönnerin Ruth von Kleist-

---

[135] * 23. April 1924 in Pätzig bei Königsberg (Neumark); +1977

Retzow. Ihren ersten Kuss gaben sich die beiden allerdings erst im Gefängnis, unter Aufsicht von Roeder.

Die nationalsozialistischer Diktatur dauerte schon zehn Jahre und der Krieg 3 ½. Am 5. April 1943 verhaftete die Gestapo Dietrich Bonhoeffer gleichzeitig mit Hans von Dohnanyi wegen „Wehrkraftzersetzung" und brachte ihn ins Untersuchungsgefängnis der Wehrmacht in Tegel. Der gepflegte, freundliche Mann wurde in einer schmutzigen Zelle in Isolierhaft gehalten. Das Gefängnis war nie der Ort, an dem er zu bleiben glaubte – weil er permanent mit seiner Entlassung rechnete. Aber es war der Ort, an dem er bis zu seinem Lebensende blieb, auch wenn zwischendurch die Mauern wechselten.

11.1 Das Schweigen in der Not

Wir sind nun im Gefängnis. - Nein, das sind wir Menschen, die mit diesem Buch zu tun haben, nicht. Es ist schwierig, sich in diese irreale Situation hinein zu versetzen. Die Nazis schufen eine Wirklichkeit, die jenseits der Wirklichkeit zu sein schien. Damit waren sie weder die ersten noch die letzten – wie man in den demokratischen Staaten an Donald Trump sieht, der ebenfalls kein Diktator oder Alleinherrscher ist, sondern sich von vielen Kräften getragen weiß, die an der Wirklichkeit vorbei agieren und damit neue Wirklichkeit schaffen. *Die Bösen und die Dummen erschüttern den Glauben an einen Gott, der diese Welt im Griff hat, fundamental – und die religiösen Fundamentalisten tun es ihnen im religiösen Bereich gleich.*

11.1.1 „...sagen kann ich fast nie etwas"

Bonhoeffer sei bei seiner seelsorgerlichen Praxis von „Widerstand und Ergebung" seiner Zeit voraus, in der Nähe gegenwärtiger Poimenik, kommentieren Theologen im „wissenschaftlichen" Diskurs. Aber steckt das Geheimnis nicht in einer modernen oder antiquierten Seelsorgepraxis, sondern in der Beziehungsfähigkeit? Kann ich dem andren wirklich zuhören? Führe ich parallel einen inneren Dialog? Spüre ich die Intention durch seine Sprache hindurch? Interpretiere ich seine Worte auf meinem oder seinem Hintergrund? Habe ich persönliche Anliegen, die ich umsetzen will, wie Verkündigung oder Empathie? Die Grundeinstellungen müssen nicht mal reflektiert sein.

Manche Seelsorger sind besser als ihr Konzept, weil sie ein Gespür dafür haben, was angemessen ist oder nicht. Bonhoeffer wollte etwa einen Mitgefangenen nicht christlich zu bomben. Der wird dankbar dafür gewesen sein.

Manche Seelsorger sind schlechter als ihr Konzept, weil für sie ihre Seelsorge im Vordergrund steht und nicht der Pastorand mit seinen Facetten, also nicht die Menschenfreundlichkeit Gottes.

Im Gefängnis erlebten die Mitgefangenen und sogar Wärter den Pfarrer als Seelsorger. Sie erwarteten sich etwas von ihm in ihrer bedrückenden Situation. Die Zeugnisse stimmen darin überein, dass die Erwartung auch durch seine Persönlichkeit provoziert wurde: Hier ist einer, der einen Zugang zur Tiefe des Lebens hat.

Bonhoeffer unterschied jedoch: Er wollte kein „billiger" Theologe sein. Das zeichnet ihn aus. Es zeichnet auch seine Haltung zur Seelsorge aus, die man aus den theoretischen Schriften wie aus dem Lebensvollzug heraus anschauen kann. M.E. ist der Lebensvollzug höher zu gewichten, weil er belegt, was von der „Theorie" wirklich tragfähig ist bei dem, der die Theorie formuliert und reflektiert.

Er selbst sieht das auch so. Das wird besonders drastisch deutlich, als ein scharfer Nazi sich bei einem Bombengriff tatsächlich in die Hosen macht und das auch formuliert. Dieser Nazi verkündete vorher eine Heldendoktrin, die vermutlich großartig war, aber durch ihn selbst nicht abgedeckt wurde und damit unglaubwürdig wurde.

Jesus sagte einmal: Richtet nicht, damit ihr nicht gerichtet werdet. Dahinter steht genau dieses Modell: Wenn ihr an euren eigenen Maßstäben gemessen werdet, solltet ihr diesen entsprechen. Wenn ihr das nicht könnt, solltet ihr nach euren eigenen Vorgaben euch ändern. Es wäre aber auch möglich, die eigenen Maßstäbe zu ändern.

Für Bonhoeffer selbst wiederholte sich im Gefängnis eine Erfahrung, die er schon bei den Hausbesuchen seiner Weddinger Konfirmanden machte: Er hatte fast nichts zu sagen, das beim Gegenüber ankommen könnte. Diese Sensibilität zeichnete ihn schon recht früh aus, half ihm aber nicht, weiter zu kommen. Seine Seelsorgelehre aus der Finkenwalder Zeit brachte ihm als „Gefängnisseelsorger", der den Alltag mit den Gefangenen und Wärtern teilte und nicht von außen eingeflogen wurde, nichts.

Bonhoeffer betrachtete sich als „schlechten Tröster": *„Zuhören kann ich, aber sagen kann ich fast nie etwas"*[136]. Das ist durchaus eine Anfrage an „zeitgenössische" Seelsorgepraxis. Das Zuhören wird bei uns großgeschrieben, das „Sagen" hingegen setzt den Seelsorger unter „Fachleuten" sofort Verdächtigungen aus. Zum einen, weil „sagen" Inhalte enthält, die den Sprecher entlarven. Da lässt sich praktisch jeder Redebeitrag zerpflücken. Zum anderen kann das „Sagen" auch den Verdacht nähren, der Seelsorger hielte das Schweigen nicht aus, würde den anderen nicht bei sich lassen. Bonhoeffer kennt solche Gründe und schweigt: Würde seine verbale Reaktion auf Anfragen den Intentionen des Sprechenden gerecht?

Bonhoeffer schwieg nicht durchgehend. Er „redete" auch in seinem Tagebuch. Dort freilich hört man wieder den „Junker", den „Gutsherr" mit dem Hintergrund der preußischen Elite trotz schwäbischer Wurzeln.

Wenn er in „Wer bin ich?" die Sicht von anderen wahrnimmt, wäre es weiterführend, mit dieser Sicht einen analytischen Blick auf seinen Schreibstil, der sich ja an andere richtete, zu werfen. Dieser sehr dezidierte, pointierte und auch in der Relativierung dominante Stil lässt den

---

[136] WuE 107

inneren Bonhoeffer nicht zu Wort kommen. Dabei offenbart sich gerade in den Aufschriften aus der Haft das große mitfühlende, mitschwingende Potential, dem der Gutsherr im Kontakt schwergewichtig im Weg steht.

Lassen wir ihn ausführlicher zu Wort kommen:

"Du wirst wissen, daß die letzten Nächte schlimm waren, besonders am 30.1. Unsere Ausgebombten kamen morgens zu mir, um sich ein bißchen trösten zu lassen. Aber ich glaube, ich bin ein schlechter Tröster. Zuhören kann ich, aber sagen kann ich fast nie etwas. Aber vielleicht ist schon die Art, in der man nach bestimmten Dingen fragte und nach anderem nicht, ein gewisser Hinweis auf das Wesentliche. Auch scheint es mir wichtiger, daß eine bestimmte Not wirklich erlebt wird, als daß man irgendetwas verwischt und retouschiert. Nur gegen gewisse falsche Interpretationen der Not bin ich unnachsichtig, weil sie auch ein Trost sein wollen und doch ein ganz falscher sind. So lasse ich die Not uninterpretiert und glaube, daß das ein verantwortlicher Anfang ist, allerdings nur ein Anfang, über den ich sehr selten hinauskomme. Manchmal denke ich, der wirkliche Trost müsse ebenso unvermittelt hereinbrechen wie die Not. Aber ich gebe zu, daß das eine Ausflucht sein kann."[137]

Dieses Lösungen-finden und anderes Infragestellen, diese Offenheit, unfertig zu bleiben, kennzeichnet Bonhoeffers integre Persönlichkeit auch als Seelsorger.

11.2 Vom Schweigen zum Reden

Vom Schweigen zum Reden: Mystik kontra Dogmatik: Praxis besiegt Theorie, Mystik kontert Dogmatik: Interessant wird Bonhoeffer nicht durch seine spröde, akademische bis rechthaberische Seelsorgelehre, sondern durch das, was wir über seine Praxis erfahren, aus seiner Weddinger Zeit wie aus dem Gefängnis. Den apodiktischen Dozenten stellt die erlebte Realität in Frage. Das festgehaltene Konzept erweist sich als überholt, wenn es überhaupt je tragfähig war. Der Seelsorger Bonhoeffer wird sich fraglich. Das ist mehr, als ich bei vielen modernen („Spiegeln", Empathie) oder traditionellen („Psalm 23") Seelsorgern erlebt habe.[138] Als er in seinen Vorlesungen versuchte, den Weddinger Erfahrungen gerecht zu werden, standen seine „Exerzitien" in einer deutlichen Spannung zu seiner apodiktischen Theorie.

---

[137] WEN 227f
[138] vgl. die Untersuchungen in „Herrgott", 1989

In den Worten des Dozenten spiegelte sich weniger das Neue Testament Jesu Christi wider als die Welt seines Vaters. Kompetenz kann man erwerben und setzt sie dann durch. Aber dieser Vater mit seiner professoralen Dominanz setzte sich eben doch nicht durch, sondern die Nazis mit ihrer Gewalt. Bonhoeffers Basis, durch die Familie gelegt, wurde durch die Erfahrungen mit den Nazis erdbebenmäßig erschüttert. Er spürte: Wenn ich etwas sage, dann darf das nur etwas sein, was ich innerlich abdecken kann.

Bonhoeffer verfügte über einen sehr guten Draht zu Karl Barth. Sie reflektierten auf einem hohen Niveau auch ethisch und standen dafür mit ihrer Person ein – da hatten es die lutherischen Professoren Paul Althaus oder Werner Elert einfacher, die den Staat für sakrosankt erklärten und damit gut durchs „Dritte Reich" erfolgreich in die Lehrtätigkeit in der Bundesrepublik schlitterten. Otto Michel[139], um das neutestamentliche Gegenüber von Ernst Käsemann in Tübingen zu benennen, hatte einen biographisch-theologischen Schlingerkurs, der uns deutlich machen kann,

---

[139] Der Tübinger Neutestamentler war bei den „Frommen" gerne gesehen und erklärte uns die Geschichte anschaulich mit dem Beischlaf bei seiner Frau, wo es auch immer wieder rauf und runter ginge. Mich stieß das als unangemessen ab und später fragte ich mich, ob er mit den Nazis quasi ideologischen Sex gehabt hätte... Immerhin war er bei der SA, später jedoch bei der Bekennenden Kirche, die nach der NS-Zeit durchaus reaktionäre Züge annahm.

wie schwierig Positionierungen sind, wenn wir nicht in die Zukunft schauen können.

Trotzdem bedarf die authentischere Theologie von Barth und Bonhoeffer in der Umsetzung einer Erweiterung, die ihre Theorie vorsichtshalber nicht vorsieht: die Gottesbeziehung. Gott begegnet uns nicht über Theorie oder Theologie, sondern über Mystik.

Wir erinnern an dieser Stelle an den reformierten Zeitgenossen Roger Schutz[140] (*1915). Bonhoeffer agierte bereits im Widerstand, als Schutz 1940 nach Taizé radelte, einem Ort zwischen dem besetzten nördlichen Teil von Frankreich und dem Süden. Dort waren viele Flüchtlinge unterwegs. Fluchtursache: Verfolgung deutscher Bürger in Deutschland. Es gelang ihm, einige Juden und politisch Andersdenkende zu verstecken. Zwei Jahre später drang die Gestapo in das Haus ein und verhaftete die Bewohner. Schutz, der einen Flüchtling in die Schweiz gebracht hatte, kehrte erst nach der Befreiung Taizés 1944 zurück. Inzwischen zum reformierten Pfarrer ordiniert entwickelte er eine kleine Gemeinschaft, die unabhängig von Bonhoeffer das aufgriff, was dieser in seinem „gemeinsamen Leben" artikuliert und in Finkenwalde

---

[140] im Deutschen analog zu seinem Vater auch „Schütz" geschrieben.

praktiziert hatte. 1949 verstand sich die Gemeinschaft von Taizé als „Communität", gekennzeichnet durch Spiritualität mit einer stark mystischen Komponente.

Links außen: eine Bonhoeffer-Ikone bei einer *Taizé*nacht.

Seelsorge bedarf des mystischen Elementes: Der Zuspruch der Vergebung Gottes, den Bonhoeffer predigte, bleibt pures Geplapper, wenn die Gotteserfahrung fehlt. Diese ist per se nur mystisch zu erfahren. Es geht nicht um die Autorität eines beeindruckenden Geistlichen. Wenn es um Gott geht, muss der Seelsorger vor der Himmelstür bleiben. Diese mystische Komponente kennzeichnet den Unterschied zu psychotherapeutischen Konzepten, wenngleich manche Strömungen von Psychotherapie esoterische Momente aufgreifen, weil ihnen die Mystik abgeht. Hochangesehen als Protagonist ist C.G.Jung, den man zugleich und zurecht nicht zuletzt im Zusammenhang mit dem „Dritten Reich" auch kritisch betrachtet.

Vergessen wir nicht: In der Seelsorge wird der <u>Geistliche</u> aufgesucht. Der Aufsuchende weiß oder spürt, warum er sich an einen Geistlichen wendet. Mit „psychischen" Problemen ginge er zu einem säkulare Helfer. Einem Geistlichen wird der Pastorand ein Proprium unterstellen, das ihm der qualifizierte Psychotherapeut nicht bieten kann. Dieses Proprium wird ein geistliches sein. Es wird um Gott gehen. Es wird kaum nicht um das „Wissen von Gott" im kognitiven Sinn gehen, sondern hilfreiche Erfahrungen mit ihm. Das kann kein Seelsorger herstellen. Aber ohne eigene mystische Gotteserfahrungen kann er dem Pastoranden wenig bieten, auch wenn der Geist Gottes weht, „ubi et quando visum est" (CA5), wann und wo er will. Letztlich hilft <u>Gott</u>, aber das haben wir nicht in der Hand.

Diakonische und verkündigende Seelsorge galten oft als Konkurrenten. Aber sie sind dialektisch aufgehoben in der mystischen Seelsorge, die zu Gotteserfahrungen ermutigt, indem sie ein Spektrum aufzeigt, wo diese gelingen kann, ohne Gott in dieses Korsett zu zwingen.

Beispiele, die keine Rezepte sind, weil der lebendige und selbständige Gott keine Zutat in einem Rezept ist, wären Ruhe unterm Sternenhimmel, plastisches Vorstellen jesuanischer Geschichten, Mantra beim Psalmodieren...

11.3 Bonhoeffers mystische Wirkungsgeschichte

Für unser Jahrzehnt sagt mir meine pastorale Erfahrung: Den größten kirchlichen Einfluss auf gelebte religiöse Situationen hatte Dietrich Bonhoeffer. Dies manifestiert sich in der Häufigkeit, in der sein Gedicht „Von guten Mächten" angefragt wird, etwa bei Beerdigungen. Dieses Lied und seine Rezeption verdienen eine kritische Würdigung[141], aber: Es ist auch dank seiner Form, Mystik pur und wird als Seelsorge pur erlebt – wozu nicht zuletzt Siegfried Fietz mit seiner Vertonung beitrug.

1930 fragte ihn sein Vater in einem Brief, ob er moderne oder mittelalterliche Mystik lese. Der humanistische gebildete Psychiater beurteilte einige Gedanken seines Sohnes als ein „mystisches Eingehen in eine Art anderer Bewußtseinszustand."[142]

In seinem wirkungsmächtigen Lied „von guten Mächten" drückt sich die mystische Komponente mit poetischen Mitteln klar aus. Seinem Brief vom 19. Dezember 1944 an seine Verlobte fügte Bonhoeffer „ein paar Verse, die mir in den letzten Abenden einfielen" als „Weihnachtsgruß für

---

[141] Was sollen etwa die rückwärts gewandten Vorstellungen von Engeln.
[142] Dietrich las Bernanos „Der Abtrünnige". Bethge S.177

Dich und die Eltern und Geschwister" an: *Von guten Mächten treu und still umgeben.*

In diesem Gedicht klingt er wie ein Mystiker – aus dem Schweigen in seiner Zelle. Die Erlebnisse als Gefangener, die Begegnungen mit Gott deckten sich nicht passgenau mit seiner gewaltigen Theologie...

Anregend scheint ein Vergleich „Von guten Mächten" mit einem Gedicht des nachdenklichen Romantikers J.v.Eichendorff von 1840, also gut hundert Jahre vorher.

Auf offener See

Ade, Du Küste mit den falschen Sorgen
Furcht, Glück und Not sinkt unter in das Meer
Hier bin ich frei, nun bin ich erst geborgen
Kein eitles Hoffen langet bis hierher
Wie weit, wohin ich auch die Blicke wende
Wie hoch und tief und ringsum ohne Ende

Gestirne, Wolken, gehen auf und unter
Und spiegeln sich im stillen Ozean
Hoch Himmel über mir und Himmel drunter
Inmitten wie so klein mein schwacher Kahn
Walt Gott! Ihm hab ich alles übergeben
Nun komm nur, Sturm! Ich fürcht nicht Tod noch Leben

Daneben Bonhoeffers Gedicht:

1. Von guten Mächten treu und still umgeben,
behütet und getröstet wunderbar,
so will ich diese Tage mit euch leben
und mit euch gehen in ein neues Jahr.

2. Noch will das alte unsre Herzen quälen,
noch drückt uns böser Tage schwere Last.

Ach Herr, gib unsern aufgeschreckten Seelen
das Heil, für das du uns geschaffen hast.

3. Und reichst du uns den schweren Kelch, den bittern
des Leids, gefüllt bis an den höchsten Rand,
so nehmen wir ihn dankbar ohne Zittern
aus deiner guten und geliebten Hand.

4. Doch willst du uns noch einmal Freude schenken
an dieser Welt und ihrer Sonne Glanz,
dann wolln wir des Vergangenen gedenken,
und dann gehört dir unser Leben ganz.

5. Laß warm und hell die Kerzen heute flammen,
die du in unsre Dunkelheit gebracht,
führ, wenn es sein kann, wieder uns zusammen.
Wir wissen es, dein Licht scheint in der Nacht.

6. Wenn sich die Stille nun tief um uns breitet,
so laß uns hören jenen vollen Klang
der Welt, die unsichtbar sich um uns weitet,
all deiner Kinder hohen Lobgesang.

7. Von guten Mächten wunderbar geborgen,
erwarten wir getrost, was kommen mag.
Gott ist bei uns am Abend und am Morgen
und ganz gewiß an jedem neuen Tag.

Bonhoeffer beschreibt noch jene Küste, von der Eichendorff sich bereits entfernt. Aber er kommt – körperlich an jener Küste mit all ihren (falschen?) Sorgen – in die Stille, die sich um „uns" weitet. Hier findet der Mystiker der Gemeinschaft sich beim Mystiker der Einsamkeit. Beide verbindet, dass sie im Leben schreibend eine Wirklichkeit aufgreifen, die alles umfasst: Beide enden zuversichtlich: „erwarten wir getrost, was kommen mag..." passt zu „Nun komm nur, Sturm! Ich fürcht nicht Tod noch Leben."

Sie sehen eine Welt ohne Horizont als Ende, wie das sich stetig ausbreitende Weltall. Die Wirklichkeit verstehen sie nicht nur physikalisch. „Wie weit, wohin ich auch die Blicke wende, Wie hoch und tief und ringsum ohne Ende..." entspricht „so laß uns hören jenen vollen Klang der Welt, die unsichtbar sich um uns weitet..." Sie sind eingebunden in eine höhere Wirklichkeit, die Eichendorff wie ein Maler und Bonhoeffer eher mythisch beschreibt.[143]

Bethge erkannte bei den inneren Antrieben seines Freundes für Theologie Rückgriffe auf den Verlust des Bruders im Krieg und den schier grenzenlosen Schmerz der Mutter darüber: „Das kindliche Gemüt antwortete mit glühender Jenseitssehnsucht und einem – freilich nie auszusprechenden – Wunsch, den anderen eine unbefangene Ewigkeitsgewißheit zu vermitteln."[144] Das Jenseits war dadurch für Bonhoeffer positiv besetzt. Dieses Vertrauen in ein „Leben nach dem Tod" konnte er für andere überzeugend leben und zeigen.

---

[143] Dieses Gedicht wurde mir als Aufgabe für mein Deutschabitur 1975 gegeben und ich profitiere noch heute davon.
[144] S.62

Seinen Glauben lebte er eben gerade auch für sich selbst. Unter den strengen Haftbedingungen gerade direkt nach der Verhaftung (Isolation) zehrte er von dem, was er im Gedächtnis mit ins Gefängnis nehmen konnte: Paul-Gerhard-Lieder und Psalmen. Auch später wollte er zunächst nichts Theologisches lesen. Die Bibel galt ihm hingegen nicht als theologisches, sondern direktes Wort Gottes, das er täglich hören bzw. lesen wollte

Mit diesem inneren Vorrat begegnete er im Gefängnis anderen. Er konnte etwas weitergeben, was offenbar weniger aus dem Wortlaut als vielmehr aus seinem Leben ansprach.

Bonhoeffer und Seelsorge? Was hätte daraus noch werden können!

11.4 Das Letzte und das Vorletzte

Das Ende strahlt zurück ins Vorletzte. Die letzte Lebenszeit Bonhoeffers war kaum absehbar. Viele im deutschen Volk rechneten mit einem „Endsieg". Zwar hing das Ende wie ein Damoklesschwert über dem Einzelnen wie über dem ganzen Volk, aber das Herabkommen des Schwertes überraschte dann doch viele. Ich las das Kriegstagebuch meines damals 18-jährigen Vaters. Er kannte nichts als Hitler und den Endsieg. Die Nachricht vom „Tod des Führers" erschütterte ihn. Aber er war sich gewisse, dass er die Sache des Führers bis zum Endsieg durchführen würde. Das war am 1. Mai 1945. Die nächsten Tage sind durch Nachdenklichkeit geprägt.

Kurz vor Weihnachten 1944 fügte Bonhoeffer seinem Brief an die Verlobten das Gedicht „Von guten Mächten" an. Als er es schrieb, war er in der Hand der bösen Macht.

Am 17.1.45 schrieb er seinen Eltern mit der Befürchtung, dass dies sein letzter Brief an die Eltern sein könnte, aber… Wenige Tage nach seinem 39. Geburtstag verfrachteten ihn die Nazis ins KZ Buchenwald, im April nach Flossenbürg und am 9. April wurde er auf Befehl Adolf Hitlers erhängt – wie auch sein Schwager.

Manchmal frage ich mich, was ich über meine Zukunft und meine Lebenserwartung dachte, als ich 39 Jahre alt wurde… Für viele beginnt hier die fundamentale Infragestellung, von Psychologen als „Midlife-Crises" tituliert – für Bonhoeffer war es aus unserer Sicht das Ende.

Das Urteil über Bonhoeffer fällte der untadelige Otto Thorbeck als Befehlsausführer von SS-Standartenführer Walter Huppenkothen, beigesessen von Max Hoegel. Verteidiger gab es natürlich ebenso wenig wie Zeugenvernehmung. Bundesdeutsche Juristen attestierten im Nachhinein den Beteiligten, rechtskonform gehandelt zu haben. Dass die Verhandlung ohne Protokollführer stattfand und eine neue Akte nicht angelegt wurde, erleichterte den bundesdeutschen Richtern mit Wurzeln in der braunen Vergangenheit eine Urteilsfindung ohne verschärftes Strafmaß.

Bei den Aktiven des Deutschen Herbstes 1977 zeigte sich die deutsche Justiz keine 39 Jahre nach dem feigen Suizid des „Führers" weniger zimperlich. Die Umstände des Todes der führenden RAF-Mitglieder im Gefängnis Stuttgart-Stammheim bleiben mindestens so umstritten wie die Ermordung von John F. Kennedy.

Dass 2017 in Dresden ein AfD-Richter „Recht" sprechen darf, der sich im NS-Jargon äußert, bringt die Justiz wieder in Generalverdacht – das hat sie sich seit 1919 redlich verdient. Die Frage, wie die Weltgeschichte verlaufen wäre, wenn ein Todesurteil für den Hochverräter Adolf Hitler 1924 vollstreckt worden wäre, erübrigt sich, ist aber in Parallelsichten interessant. Hitler war übrigens für den Putschversuch vom April bis Dezember 1924 in lockerer Haft. Dafür waren Juristen zuständig die ihm ein patriotisches Interesse unterstellten. Die RAF wollte

Gerechtigkeit auf Erden. Ist das nicht noch viel strafmildernder? Natürlich nicht mit BILD als Gegner.[145]

Sollte Gott gerecht sein und es tatsächlich eine Hölle geben, verfügt sie sicherlich über einen Sondertrakt für Juristen, die besonders infame Peinigung bereithält, mit dem Teufel als letzter und einziger Instanz, der widerwärtige Gesetze erlässt, denen die Juristen gehorchen müssen, weil es die gerade gültigen Gesetze sind. Juristen in der Hölle mit dem Teufel als Legislative, das tröstet rachedurstige Opfer.[146]

Nackt musste unser Mitmensch zum Galgen gehen – gleich seinem wahren Herrn, Jesus von Nazareth, um dessen Gewand die Soldateska schacherte.

12 „Wer bin ich?" Auf der Suche nach einer Identität

Wir haben das Lebensende von Bonhoeffer im Blick, viel zu früh verglichen mit analogen Biographien. Wer war dieser Bonhoeffer? Die bisherigen Facetten sind diachron wie synchron sehr vielfarbig. Sein eigenes „Resümee" oder

---

[145] Dabei gehörte der BILD-Herausgeber Springer zu der von den Nazis verfolgten Bevölkerungsgruppe. Ulrike Meinhof brachte sich um (?), als die Drucker auch der BILD-Zeitung gerade im Streik waren. Das ist mir bis heute eine gewisse Genugtuung.
[146] Hier verweise ich wieder auf das realistisch inszenierte Höllendrama in „Lucy, der Himmel und ich".

seine Zwischenbilanz im Gefängnis pointiert die Ambivalenz von Außensicht und Innensicht.

Wer bin ich? Sie sagen mir oft,
ich träte aus meiner Zelle
gelassen und heiter und fest,
wie ein Gutsherr aus seinem Schloß.
Wer bin ich? Sie sagen mir oft,
ich spräche mit meinen Bewachern
frei und freundlich und klar,
als hätte ich zu gebieten.
Wer bin ich? Sie sagen mir auch,
ich trüge die Tage des Unglücks
gleichmütig lächelnd und stolz,
wie einer, der Siegen gewohnt ist.
Bin ich das wirklich, was andere von mir sagen?
Oder bin ich nur das, was ich selbst von mir weiß?
Unruhig, sehnsüchtig, krank, wie ein Vogel im Käfig,
ringend nach Lebensatem, als würgte mir einer die Kehle,
hungernd nach Farben, nach Blumen, nach Vogelstimmen,
dürstend nach guten Worten, nach menschlicher Nähe,
zitternd vor Zorn über Willkür und kleinlichste Kränkung,
umgetrieben vom Warten auf große Dinge,
ohnmächtig bangend um Freunde in endloser Ferne,
müde und leer zum Beten, zum Denken, zum Schaffen,
matt und bereit, von allem Abschied zu nehmen?
Wer bin ich? Der oder jener?
Bin ich denn heute dieser und morgen ein andrer?
Bin ich beides zugleich? Vor Menschen ein Heuchler
Und vor mir selbst ein verächtlich wehleidiger Schwächling?
Oder gleicht, was in mir noch ist, dem geschlagenen Heer,
das in Unordnung weicht vor schon gewonnenem Sieg?

Wer bin ich? Einsames Fragen treibt mit mir Spott.
Wer ich auch bin, Du kennst mich, Dein bin ich, o Gott![147]

Bonhoeffer nimmt als Außensicht wahr, dass er wie ein Gutsherr wirkt. Er fühlt sich anders. Wer kennt nicht die Erfahrung, dass das, was andere, ja sogar viele andere mir widerspiegeln gar nicht zu dem passt, wie ich mich fühle. Bonhoeffer ist uns hier nicht fremd.

Eberhard Jüngel betitelte ein frühes Buch „Gottes Sein ist im Werden".[148] Dies ist eine phantastische Formulierung, die auch immer wieder für menschliche Lebensgeschichten stehen könnte, wie die von Dietrich Bonhoeffer. Manch einer mag die Erfahrung gemacht haben, dass man in Selbstzweifeln versucht, sich in eine bestimmte Richtung weiter zu entwickeln und dabei eben auch seine Defizite wahrnimmt. Daneben enttäuscht die Erfahrung, dass andere diese Defizite ebenfalls wahrnehmen, sie mir ankreiden, aber ihrerseits keineswegs zu einer tiefgreifenden, verunsichernden Selbstkritik in der Lage oder willens sind.

Dietrich Bonhoeffer wollte ganz offensichtlich ein Mensch sein, der wahrhaftig ist und der zu sich stehen kann. Dabei erlebte er, dass dies ein Prozess ist und bleibt. Das macht einen Teil seiner Größe aus, trennt uns aber auch von

---

[147] Dietrich Bonhoeffer. Widerstand und Ergebung, S.179
[148] 1965, über die Rede von Gott bei Karl Barth

schülerhafter Adaption seiner Erkenntnisse, weil jegliche Erkenntnis erst durch die eigene Biographie gehen muss. Vor seinem Herrn Jesus auf alle Fälle hatte schon bestanden, weil der weder einen perfekten Menschen noch einen Übermenschen erwartet, sondern uns, wie wir jeweils auf unserer momentanen Wegstrecke sind.

Von Bonhoeffer ist das Fragment eines Schauspiels erhalten. „Jetzt stand er feierlich vor seinem Gott, vor seiner Klasse. Jetzt war er dem Mittelpunkt." lässt Bonhoeffer jemanden spüren, der sich gerade als Primus zum Theologiestudium bekannt hat. Ist das Forum Gott? „Wer redet denn? Mein Glaube? Meine Eitelkeit?"[149]

Dietrich Bonhoeffer als Ikone mit dem Märtyrerzeichen

---

[149] S.66 Bethge sieht darin autobiographische Züge.

„Ich habe mich nie geändert"[150], schrieb Dietrich 1944. Das stimmt nicht immer, in mancher Hinsicht aber doch, so dass die „Junker"-Kritik bleiben kann, während andere Kritik „Theologe – Christ" relativiert werden muss.

In der Tat ist Bonhoeffer zur Ikone geworden und da möchte ich die Bilderstürmer wie Andreas Karlstadt und seine Mitstreiter unterstützen: Ikonen sollen nicht angebetet werden, weil die Anbetung alleine Gott gebührt. Trotzdem können Ikonen angemessene Funktionen haben, wie schon Luther betonte. Wir benötigen immer wieder Vorbilder. Menschen, die in bestimmten Phasen oder Facetten ihres Lebens den Glauben außergewöhnlich gelebt haben. Bonhoeffer kann uns in verschiedener Hinsicht als Vorbild dienen. Für mich ausschlaggebend für die Beschäftigung mit ihm war sicher, dass er sein Leben für seine Überzeugung einsetzte. Persönlich überzeugte mich daraufhin, dass er bereit war, seine Position immer wieder in Frage zu stellen, wenn neue Erlebnisse zu neuen Reflexionen riefen.

---

[150] S.246

13 Anhang: Barmen und der ganz Andere

13.1   Das Barmer Theologische Bekenntnis

13.1.1 Bekennen, Versagen Vergewisserung

1934 begann die gigantische Umsetzung eines quasi theokratischen Staates, bei dem der Theos ein fiktives Volk namens „Deutsche" war. Es ging um das Reich der Arier, propagiert und durchgeführt von ihrem „Heiland", dem messianischen Adolf Hitler. Die Arierparagraphen zeigten, in welche Richtung man marschierte. Für die patriotischen kaisertreuen und demokratiekritischen Lutheraner war dies (k)ein Problem, da nach ihrer tiefsten Überzeugung die staatliche Obrigkeit als solche von Gott legitimiert ist.

Bei der Alternative „dagegen" oder „dafür" konnten viele sich nicht entscheiden. Diejenigen, die an den nichtarischen Jesus mehr als an Gottes Offenbarung im „Volk" glaubten, beriefen eine Versammlung ein – bei Christen heißt dies „Synode" -, trafen sich in Barmen und positionierten sich für Jesus gegen das Neuheidentum. 1934 verabschiedeten sie ein Bekenntnis „Gegen die Verwüstung der Kirche".

Der Lutheraner Hans Asmussen formulierte im Kommentar zur Barmer Theologischen Erklärung: „Wenn wir protestieren, dann protestieren wir... nicht als Staatsbürger gegen den neuen Staat..., sondern wir erheben Protest gegen dieselbe Erscheinung, die seit mehr als 200 Jahren die Verwüstung der Kirche schon langsam vorbereitet hat."[151]

Ist die Verwüstung immer noch unser Problem oder vielleicht schon wieder? Gerade Gegenwartsbezuges wegen müssen wir den historischen Kontext mitbetrachten, so wie auch der historische Jesus zur Verkündigung gehört und nicht nur das „Dass seines Gekommenseins".

Trotz ihres Alters wirkt die Barmer theologische Erklärung wie ein Jungbrunnen. Bei aller Kürze ist sie ziemlich klar. Sie beeindruckt durch ihre schnörkellose christologische Ausrichtung. Abgesehen von ihren kirchenpolitischen Anlässen und ihrem Gründen im politischen und gesellschaftlichen Umfeld von 1934 bietet sie auch in unserem völlig anderen Kontext eine Vergewisserung.

Diese Vergewisserung brauchen Christen sowohl in der Gesellschaft, in der wir leben wie auch in der Kirche, die unsere Heimat ist. Karl Barth, der bekanntlich die Feder

---

[151] H.Asmussen im Einbringungsreferat zu Barmen zur 1. These, zit. nach www.ekd.de

führte, während die Lutheraner schliefen, hat in anderem Zusammenhang den Begriff „Apologeten" negativ konnotiert. Ihm ging es darum, sich durch die Inhalte zu positionieren, nicht durch Gegnerschaften definieren zu lassen. Aber es tut gut, dass hier auch falsche Lehren benannt und verworfen werden. In unserer pluralistischen Kirche, zu der es keine freiheitliche Alternative gibt erscheint mitunter die Vielfalt als Relativierung aller Inhalte. „Nur nichts und niemanden ausgrenzen" scheint ein göttliches Gebot. Eine Glaubensgemeinschaft, die dies tut, hat am Schluss nichts mehr gemeinsam als den Glauben an die Pluralität[152] – das aber schmeckt fade. Ich möchte auch nicht Mitglied in einem Fußballverein sein, in dem bei einem Spiel zugleich die Regeln von Fußball, Handball und Basketball gelten. Wer wollte einem sportlichen Turnier zuschauen, in dem nicht der Schiedsrichter auf die Einhaltung der Regeln achtet, sondern die Zuschauer entscheiden dürfen. Die ließen immer die Heimmannschaft gewinnen. Soviel Positionierung zu „Barmen".

---

[152] Und auch die heftigsten Vertreter der Pluralität scheinen in emotional besetzten Kontroversen die Vertreter der Gegenposition nicht einfach als andere Stimmen zu akzeptieren, sondern beginnen, sie zu diffamieren, auszugrenzen.

13.1.2 Der Kontext von Barmen

Wir können uns heute nicht mehr in die Situation vom Frühjahr 1934 hinein versetzen. Wir wissen zu viel. Wir kennen anders als die damals Beteiligten die weitere Geschichte. Wir kennen auch die Wandlungen, die so manche Person durchlief. Erstaunlich präzise passt die Barmer Theologische Erklärung zur Folgegeschichte, indem sie die Hybris als Motor der antichristlichen Bewegung gegen die Kirche, um die Kirche herum und in der Kirche anzielte.

Schon Martin Niemöllers Pfarrernotbund 1933 war ein Reflex, die spontane Abwehr eines Angriffs. Barth bezeichnete Niemöller als „eine in aller Beweglichkeit immer wieder unfehlbar nach oben und nach vorwärts zeigende Magnetnadel."[153] Der Angriff kam von den Deutschen Christen, die nicht von außen anrückten, sondern Kirchenmitglieder waren. Adolf Hitler, der „Führer" wollte in der Kirche eine dem Staat parallele Struktur schaffen, um sie so gleichschalten zu können[154]. Am 27.9.33 hatte die Deutsche Evangelische Nationalsynode, die Versammlung

---

[153] Zitiert nach Busch, Lebenslauf S.247; dieses „nach oben zeigen" war eine Adelung durch einen Wort-Gottes-Theologen wie Barth.
[154] Die Abschaffung der Kirche hatte er, ein österreichischer Katholik in „Mein Kampf" schon in den 20ern als Ziel genannt.

der DC Ludwig Müller zum Reichsbischof gewählt, vorgeschlagen vom „Führer" höchstpersönlich.[155] Damit war das Führerprinzip in die Kirche eingeführt. Analog gibt es seit 1933 in Bayern einen Bischof – „Zeichen der Zeit".

„Die in der Kirche zur Herrschaft gekommene Führeridee beschränkt sich gerade nicht auf Kollektennachweisung, Steuereintreibung, Statistiken und äußere Ordnung des kirchlichen Lebens, sondern sie bestimmt gewisse inhaltliche Bedingungen, ohne deren Erfüllung es nach ihrer Meinung weder geistliches Amt noch Presbyterium, noch Kirchenvorstand, noch Stimme der Gesamtgemeinde in der Synode geben soll. So wird aus dem anvertrauten und befohlenen Dienst eine selbstgewählte und usurpatorisch an sich gerissene Herrschaft."[156]

Nach der Machtübernahme der Nationalsozialisten wurde der regimekritische bayerische „Kirchenpräsident" Friedrich Veit zum Rücktritt gezwungen. Ihn beerbte mit dem neuen Titel eines Landesbischofs Hans Meiser. Dass die bayerische Staatsregierung auch heute noch der Wahl

---

[155] In der Ironie jener Zeit: Der Gröfaz machte Müller zum Reibi…
[156] Dazu Asmussen im Einbringungsreferat:

eines Bischofs zustimmen muss, zeigt, dass sich keineswegs alles geändert hat.[157]

Später verstanden auch Kirchenführer den Versuch der nationalsozialistischen Machthaber, die Kirchenstrukturen zu verändern und die Positionen selbst zu besetzen als Angriff auf die Identität. Das musste nicht Glaubensinhalte oder politische Überzeugungen betreffen, es konnte um so etwas Fundamentales wie den Status Quo der Pfarrer gehen. Als die Wortführer der Gegenbewegung zu theologischen Worten griffen, entfaltete sich die Barmer Theologische Erklärung als Glaubensmanifest, beschränkte sich nicht darauf, banal den Erhalt des Status Quo zu fordern. Gerade wegen des christozentrischen Inhalts taten sich Männer wie Theophil Wurm oder Hans Meiser schwer, obwohl es als ein gemeinsames Wort der evangelischen Konfessionen gedacht war.

---

[157] Als Geistlicher durfte ich der Einführung von Dr. Johannes Friedrich als Landesbischof der Bayerischen Landeskirche im Chorraum der Lorenzkirche in Nürnberg beiwohnen. Dabei konnte ich beobachten, wie der Ministerpräsident Bayerns, Herr Stoiber, auf den ebenfalls anwesenden Erzbischof zuging, woraufhin dieser nickte und Herr Stoiber zum Abendmahl ging, das Bischof Friedrich austeilte. Karin Stoiber holte sich den Dispens nicht und ging auch nicht. Bischof Friedrich wählte allerdings zwei nordeuropäische Assistenten für seine Installation, die ihn per Handauflegen in die apostolische Sukzession aufnahmen. Alles für einen Theologen noch vielmehr seltsam als für einen Laien.

Der Schrift drückte dann ein reformierter Theologe seinen Stempel auf. Just im „Basler Hof" in Frankfurt schrieb er am 16.5.34 den prägnanten Text. Süffisant kolportierte er: „Die lutherische Kirche hat geschlafen und die reformierte Kirche hat gewacht." Während die Lutheraner Thomas Breit und Hans Asmussen einem „dreistündigen Mittagschlaf" frönten, habe „ich, mit einem starken Kaffee und 1-2 Brasil-Cigarren versehen, den Text der 6 Sätze redigiert... Das Resultat war, dass am Abend jenes Tages ein Text vorlag – ich will mich nicht rühmen, aber es war wirklich mein Text... faktisch war es das, was man in alten Zeiten ein ‚Bekenntnis' genannt hat, mit allen Schikanen von Bejahung und Verwerfung; es sind regelmäßig auch Anathemata in die 6 Artikel eingearbeitet."[158]

13.1.3 Die Synode und der Text

Am 29.5. wurde die erste Bekenntnis-Synode der deutschen evangelischen Kirche in der reformierten Kirche Barmen-Gemarke eröffnet. 138 Delegierte aus dem ganzen Reich versammelten sich unter Leitung von Präses Koch, diskutierten engagiert und formulierten vor allem These 3

---

[158] Gespräche VII, zitiert nach Busch, Lebenslauf, S.258.

um. Der Streit um Begriffe wie „Sakrament" und „Geist Gottes" kennzeichnet „Barmen" als theologisches Manifest.

Jeder These stellte Barth ein Schriftwort voran, passend zur Theologie des „Wortes Gottes". Es ist schwer, sich auf bestimmte Bibelverse zu einigen, wenn man eine reiche Auswahl hat. Aber wer darf einen Bibelvers ablehnen? Dabei fehlen die Klassiker für politische Manifeste wie Röm.13 oder der Zinsgroschen in den in die Tagespolitik hineinwirkenden Thesen. In Barths „Christengemeinde und Bürgergemeinde" von 1946 zeigt sich die Kontinuität.

Wie Jürgen Moltmann hervorhebt, sind die Bekenntnisse der Reformation und Barmen wesensverwandt, weil sie christozentrisch sind. Die Ausrichtung auf Jesus Christus als den Herr ist und zwar den Herr aller Herren, ist in einem totalitären Staat, aber auch in totalitären Doktrinen demokratischer Staaten eine Kampfansage.

Freilich ist die praktische Umsetzung einer solchen Kampfansage eine ganz andere Sache. Wie oft formulieren Führungspersonen in unseren Landeskirchen echt gute Sachen, ignorieren diese dann aber bei der politischen Umsetzung (in und außerhalb der Kirche). Die theologische Amnesie der theologischen Fachleute im Umfeld der

Umsetzung[159] wäre vermutlich anthropologisch anzufragen. Ein Analogon aus der Politik: Kanzlerin Merkel fand durchaus treffende Worte für bürgerliche Freiheit und Selbstbestimmung des Individuums, aber als es um die Abhöraffäre durch die USA ging, schien ihr die Außenpolitik über der Integrität ihrer Bürger zu stehen. Das änderte sich, als sie zu den Betroffenen gehörte... Weshalb sollten Pfarrer in Leitungspositionen grundsätzlich anders sein als eine Berufspolitikerin. Und: Weshalb sollten Synodale eine ganz andere Spezies von Menschen sein?

Theologisch funktionierte es allerdings auch 1934 nicht, denn die süddeutschen Lutheraner spürten ihre Nähe zur Zwei-Reiche-Lehre und damit zum NS-Staat als Obrigkeit. Es kam zum Ansbacher Ratschlag, der aus heutiger Sicht eher als Anschlag der Lutheraner auf Christus anzusehen ist. Der Ansbacher Kreis, eine AG des Nationalsozialistischen Evangelischen Pfarrerbundes hatte sich im Frühjahr zusammengefunden. Er stellte der Offenbarungstheologie von Barmen ihre Konkurrenzform, die natürliche Theologie entgegen, quasi Sonnenaufgang

---

[159] Ein guter Freund mahnte mich: „Volker, es ist doch Fakt, dass wir Theologie studiert haben und jetzt etwas ganz anderes tun müssen." Das war als hilfreicher Hinweis gemeint, aber machte die Ordination tatsächlich aus uns Pfarrer **statt** Theologen?

contra Jesus. Zu den Quellen der Gotteserkenntnis gehören dann in der Logik jener „Theo(?)"logen die Rasse, das Volk. Zum Wirken Gottes gehört das Geschenk der Ordnung, hier durch Adolf Hitler gegeben. Das Begleitschreiben schließt: „Mit amtsbrüderlicher Hochachtung und Heil Hitler!" Es konnte offenbar auch anders laufen als in Barmen. Die Autoren des Ansbacher Ratschlags verzichteten getrost auf Bibelverse verzichten, denn sie hatten noch andere Quellen als das Wort Gottes: „3. Das Gesetz, nämlich ‚der unwandelbare Wille Gottes' (FC, Epit. VI, 6), begegnet uns in der Gesamtwirklichkeit unseres Lebens, wie sie durch die Offenbarung Gottes ins Licht gesetzt wird. Es bindet jeden an den Stand, in den er von Gott berufen ist, und verpflichtet uns auf die natürlichen Ordnungen, denen wir unterworfen sind, wie Familie, Volk, Rasse (d. h. Blutzusammenhang). Und zwar sind wir einer bestimmten Familie, einem bestimmten Volk und einer bestimmten Rasse zugeordnet. Indem uns der Wille Gottes ferner stets in unserem Heute und Hier trifft, bindet er uns auch an den bestimmten historischen Augenblick der Familie, des Volkes, der Rasse, d. h. an einen bestimmten Moment ihrer Geschichte.

5. In dieser Erkenntnis danken wir als glaubende Christen Gott dem Herrn, daß er unserem Volk in seiner Not den Führer als, frommen und getreuen Oberherren' geschenkt hat und in der nationalsozialistischen Staatsordnung, gut Regiment', ein Regiment mit, Zucht und Ehre' bereiten will. Wir wissen uns daher vor Gott verantwortlich, zu dem Werk des Führers in unserem Beruf und Stand mitzuhelfen."

Wir merken an dieser Reaktion vom 11. Juni 34, dass Barmen weder eine Selbstverständlichkeit war und noch der einzige Aspekt der deutschen Kirchengeschichte. Ihr angeblicher Gewährsmann Luther hatten den „frommen Herrscher" als „Wildbret im Himmel" bezeichnet und damit zum Ausdruck gebracht: Das ist die absolute Ausnahme und eher unwahrscheinlich.

13.1.4 Reformation? 500 Jahre später

Wer „Barmen" auf heute bezieht, muss die Bibelverse nicht ändern, obwohl ich gerne noch das 1. Gebot verankert sähe; aber implizit ist es natürlich enthalten.

Kritisch wird es bei der Barmer Positionierung durch den Begriff „Kirche"[160]. Hier hat sich zwischen 1517, 1934 und

---

[160] Immerhin hieß das Opus von Barth „Kirchliche Dogmatik" und Dietrich Bonhoeffers theologische Gedanken kreisen ganz intensiv

2017ff. gesellschaftlich viel gewandelt, gerade auch demographisch. Den Formulierungen von Barmen kommen wir immer näher, weil sie von einer überschaubaren Menge von Christen ausgehen. Kirche begrenzt sich auf die Menschen, die sich auf Wort und Sakrament einlassen und definiert sich durch den Gottesdienst.

Meine Wirklichkeit als Pfarrer sieht anders aus. Die Mehrzahl der Gemeindeglieder definiert sich nicht durch den Gottesdienst und ich erlebe es auch bei vielen Kirchenvorsteherinnen nicht mehr so. Da kann es zu Konflikten kommen, wenn die Nicht-Gottesdienstgehenden-Gemeindeglieder Erwartungen haben, was ein Pfarrer zu tun hat. Enttäuschend häufig signalisieren kirchenleitende Personen den Gemeindepfarrern: Der Pfarrer muss sich an den Erwartungen der Gemeindeglieder orientieren, nicht an der Heiligen Schrift. Klar drücken sie als Karrieremenschen mit Diplomaten-Gen dies verschlüsselter aus – zumindest den zweiten Teil.

Wenn ein Kirchenvorstand am Sonntagmorgen sich bei der Alternative „KV-Sitzung" oder Gottesdienst gegen den Gottesdienst entscheidet, dann ist das für mich ein klares

---

genau um diese Wirklichkeit, nicht nur bei „gemeinsames Leben", „Communio Sanctorum" und „Nachfolge".

geistliches Fehlverhalten, für die Kirchenleitung nicht unbedingt. Wenn vom Pfarrer dann erwartet wird, dass er an dieser Sitzung teilnimmt, statt seinem Votum entsprechend den Sonntagsgottesdienst zu besuchen, dann ist das Wort „unangemessen" eine diplomatische Verharmlosung. Es ist ein Skandal.[161] Wenn der Kirchenvorstand anschließend die Kirchenleitung (erfolgreich) auffordert, diesen Pfarrer zu entlassen, ist dies…

Nein, aus Sicht der kirchlichen Obrigkeit ist es kein Skandal, denn in der demokratischen ELKB ist eine Mehrheitsentscheidung die oberste Instanz. Über Inhalte entscheiden hier Mehrheiten, für die eine fachliche Qualifikation keine Voraussetzung ist. In seinem Kommentar zu Barmen schreibt Hans Asmussen „Wenn wir protestieren, dann protestieren wir nicht als Volksglieder gegen die jüngste Geschichte des Volkes, nicht als Staatsbürger gegen den neuen Staat, nicht als Untertanen gegen die Obrigkeit, sondern **wir erheben Protest gegen dieselbe Erscheinung, die seit mehr als 200 Jahren die Verwüstung der Kirche schon langsam vorbereitet**

---

[161] und widerspricht aus dem grundgesetzlich garantierten Recht zur aktiven freien Religionsausübung.

hat."[162] Dieser Protest kam mit dem 8. Mai 1945 nicht zum Ende, weil die geistlichen Verwüstungen in der deutschen Kirche immer wieder stattfinden. Das Ende einer Verwüstung ist übrigens eine Wüste…[163]

Ekklesiologisch bedenklich erscheint, dass es PfarrerInnen immer schwerer haben, KandidatInnen für den Kirchenvorstand / das Presbyterium zu gewinnen. In Bayern reicht es meist nicht für die Mindestanzahl, die für eine demokratische Wahl nötig wäre. Also nimmt man jede/n, der oder die „Hier" schreit. Die Wahl ist nur noch eine Formsache, die Qualität spielt keine Rolle mehr und die Kirche wird geführt von Menschen, unter denen eine relevante Anzahl inkompetent ist. Dieses Problem für demokratische Strukturen beschränkt sich nicht auf die Kirche, sondern ist auch auf politischen Ebenen anzutreffen.

13.1.5 Die Anathemata und unsere Wirklichkeit

1. „Jesus Christus spricht: Ich bin der Weg und die Wahrheit und das Leben; niemand kommt zum Vater denn durch mich."– Joh 14,6 „Wahrlich, wahrlich, ich sage euch: Wer nicht zur Tür hineingeht in den Schafstall, sondern

---

[162] H.Asmussen im Einbringungsreferat zu Barmen zur 1. These, zit. nach www.ekd.de
[163] So denkt mancher bei EKD-Denkschriften, sie demonstrierten die Evangelische Wüste in Deutschland (EWD).

steigt anderswo hinein, der ist ein Dieb und Räuber. Ich bin die Tür; wenn jemand durch mich hineingeht, wird er selig werden." – Joh 10,1.9

„Jesus Christus, wie er uns in der Heiligen Schrift bezeugt wird, ist das eine Wort Gottes, das wir zu hören, dem wir im Leben und im Sterben zu vertrauen und zu gehorchen haben. Wir verwerfen die falsche Lehre, als könne und müsse die Kirche als Quelle ihrer Verkündigung außer und neben diesem einen Worte Gottes auch noch andere Ereignisse und Mächte, Gestalten und Wahrheiten als Gottes Offenbarung anerkennen."

Auch heute erheben eine Menge von Mächten und Wahrheiten ihren hohen Anspruch uns gegenüber. Solche Mächte und Wahrheiten finden sich in den esoterischen Strömungen[164]. Nachdem in der Esoterik die Engel in Mode kamen (Engelkarten etc.) wurden sie auch in der Kirche wieder hoffähig. Ganze Kindergottesdienstreihen werden damit bestritten. Das Solus Christus rückt immer mehr in eine Reihe mit anderen Wegen zur (Selbst-)Erlösung. Dann

---

[164] Als Sektenbeauftragter nenne ich als Zwischenglied z.B. Ludendorff, der mit Adolf Hitler den Marsch auf die Feldherrnhalle am 9.11.23 initiierte und einen Putsch versuchte. Er verwirklichte sich später im Bund für Deutsche Gotterkenntnis, der in Tutzing (sic!) residiert. In dieser Lehre wird die Religion mit dem Volkstum identifiziert, weil sich angeblich seelische Eigenschaften und damit die Religiosität ebenso wie körperliche Merkmale vererben.

bleibt vom Solus gar nichts mehr übrig - und wie viel von Christus übrigbleibt, ist offen. Ein „Hoch!" auf die landeskirchlich Beauftragten.

Auch die Seelsorge im engeren Sinne hat an Bedeutung verloren und man beauftragt mit der Sorge um die Seele lieber die Psychotherapeuten. Dort findet sich häufig eine gute Kompetenz. Doch kann ich mich des Eindrucks nicht erwehren, dass mit der Psychotherapie die Hoffnung nach Heil verknüpft wird. Der Therapeut wird bisweilen als Guru gesehen. Seine Methode (deren es ja viele gibt) ist, wie das Wort schon sagt, ein Weg. Dieser Weg aber ist nicht Christus. Barmen 1 ist hier eine Infragestellung unserer gesellschaftlichen Wirklichkeit.[165]

2. „Durch Gott seid ihr in Christus Jesus, der uns von Gott gemacht ist zur Weisheit und zur Gerechtigkeit und zur Heiligung und zur Erlösung."– 1. Kor 1,30

„Wie Jesus Christus Gottes Zuspruch der Vergebung aller unserer Sünden ist, so und mit gleichem Ernst ist er auch Gottes kräftiger Anspruch auf unser ganzes Leben; durch ihn widerfährt uns frohe Befreiung aus den gottlosen Bindungen dieser Welt zu freiem, dankbarem Dienst an

---

[165] Im Kontext von Psychotherapie stellt sich freilich die Frage nach der fundierten seelsorgerlichen Kompetenz in unserem Berufsstand.

seinen Geschöpfen. Wir verwerfen die falsche Lehre, als gebe es Bereiche unseres Lebens, in denen wir nicht Jesus Christus, sondern anderen Herren zu eigen wären, Bereiche, in denen wir nicht der Rechtfertigung und Heiligung durch ihn bedürften."

Luther benennt als beanspruchende Macht den „Mammon". Das zeigt sich, wenn heute die Rede vom „Wirtschaftswachstum" dogmatische Kraft beansprucht, mit der soziale Ansprüche von Menschen abgewehrt werden. Dazu gehört die Rede von den „Arbeitsplätzen", die häufig gewählt wird, wenn ethische zweifelhafte Entscheidungen gefordert werden, wenn es gegen die humane Arbeitsbedingungen geht, um die Zwangsmobilität von Menschen oder um ökologische Ansprüche an die Produktion. Der Hinweis auf Luther zeigt, dass die Fragestellung von Barmen 2 kein neues und auch kein grundsätzlich überwindbares Problem anzeigt. Barth betont die Positionierung der Christengemeinde innerhalb der Bürgergemeinde. Als Christen in der Bürgergemeinde fordern wir, dass „nachdem Gott Mensch geworden ist,

...politisch der Mensch das Maß aller Dinge werden" soll (Jürgen Moltmann).[166]

3. „Lasst uns aber wahrhaftig sein in der Liebe und wachsen in allen Stücken zu dem hin, der das Haupt ist, Christus, von dem aus der ganze Leib zusammengefügt ist."– Eph 4,15.16

„Die christliche Kirche ist die Gemeinde von Brüdern, in der Jesus Christus in Wort und Sakrament durch den Heiligen Geist als der Herr gegenwärtig handelt. Sie hat mit ihrem Glauben wie mit ihrem Gehorsam, mit ihrer Botschaft wie mit ihrer Ordnung mitten in der Welt der Sünde als die Kirche der begnadigten Sünder zu bezeugen, dass sie allein sein Eigentum ist, allein von seinem Trost und von seiner Weisung in Erwartung seiner Erscheinung lebt und leben möchte. Wir verwerfen die falsche Lehre, als dürfe die Kirche die Gestalt ihrer Botschaft und ihrer Ordnung ihrem Belieben oder dem Wechsel der jeweils herrschenden weltanschaulichen und politischen Überzeugungen überlassen."

---

[166] J.Moltmann, Politische Theologie - Politische Ethik, 1984, S.146: Fortsetzung des Zitats: „Barth wendet sich deshalb gegen den Moloch „Nationalismus" und gegen den menschenzerstörenden Fetisch „Kapitalismus". Die Christengemeinde ist Zeuge göttlicher Rechtfertigung des Menschen."

In dieser These haben sich Lutheraner wie Reformierte untergebracht, aber die Tendenz der Auslegung geht hin zum Modell der Königsherrschaft Gottes. Barth favorisierte die Demokratie und die ELKB könnte sich mit Synode und KV stolz als superdemokratisch hinstellen. Doch gerade die 20er und 30er Jahre haben in Kirche wie Gesellschaft eine Problematik der Demokratie offengelegt: Hat die Mehrheit wirklich immer Recht? Wie war das schon seinerzeit mit der sog. Räubersynode?[167] Krass gesagt: Wenn die Mehrheit der Synode sich aus Gründen der Gleichberechtigung dafür entschiede, neben Jesus noch eine weibliche Heilsbringerin anzuerkennen, gälte dies als evangelischer Glaubensinhalt, weil der Beschluss demokratisch gefasst wurde. Wie geht unsere Kirche als Glaubensgemeinschaft mit so einer Problematik um? Gibt es ein innerdemokratisches Korrektiv? Mein Beispiel sollte unrealistisch sein, damit jenseits eines aktuellen Streitpunktes die systemimmanente Problematik erkennbar wird.

4. „Jesus Christus spricht: Ihr wisst, dass die Herrscher ihre Völker niederhalten und die Mächtigen ihnen Gewalt

---

[167] Konzil von Ephesos 449... Auch demokratische Entscheidungen werden mitunter undemokratisch herbeigeführt.

antun. So soll es nicht sein unter euch; sondern wer unter euch groß sein will, der sei euer Diener."– Mt 20,25.26

„Die verschiedenen Ämter in der Kirche begründen keine Herrschaft der einen über die anderen, sondern die Ausübung des der ganzen Gemeinde anvertrauten und befohlenen Dienstes. Wir verwerfen die falsche Lehre, als könne und dürfe sich die Kirche abseits von diesem Dienst besondere, mit Herrschaftsbefugnissen ausgestattete Führer geben und geben lassen."

Die Versuchungen der 20er und 30er Jahre hinsichtlich besonderer „Führer" sind nach meiner Beobachtungen bei uns nicht besonders ausgeprägt. Manchmal klingt in unserer Gesellschaft an, es wäre gut, wenn in der Vielstimmigkeit jemand sagen würde, wo es lang geht, aber das klingt nicht besonders nachdrücklich. Dass andererseits Führungskräfte versuchen, mehr Zuständigkeiten zu erlangen, liegt in der Natur der Sache. Mitunter ist der Blick auf hierarchisch strukturierte Konkurrenten verführerisch, etwa hinüber zur römisch-katholischen Kirche. Dass es seit 1933 bei uns den Titel Landesbischof gibt und inzwischen die Kreisdekane sich Regionalbischöfe titulieren, lässt ahnen: Hier geht es nicht um Strukturen eines größeren Gemeinwesens, sondern um Hierarchie mit beiden Wortteilen.

Freilich lässt sich bei uns kaum jemand sagen, wo es langgehen soll[168] – anders als in sektiererischen Gruppierungen. Versucherisch ist daher die Möglichkeit der Machtausübung der Kirchenleitung gegenüber Kirchenmitgliedern, die lohnabhängig sind oder Nicht-Kirchenmitgliedern, die lohnabhängig werden wollen. Zwar kann man den Glauben nicht de facto einfordern, aber im Handlungsbereich: Du musst in der Kirche sein, um dort angestellt zu werden, also wieder eintreten oder dich taufen lassen, deine Kinder taufen lassen, dich kirchlich trauen lassen… Hier unterscheidet die kirchliche Obrigkeit zwischen zwei Sorten von Mitgliedern: die von ihnen lohnabhängigen und die von ihnen unabhängigen.

5. „Fürchtet Gott, ehrt den König."– 1. Petr 2,17

„Die Schrift sagt uns, dass der Staat nach göttlicher Anordnung die Aufgabe hat in der noch nicht erlösten Welt, in der auch die Kirche steht, nach dem Maß menschlicher Einsicht und menschlichen Vermögens unter Androhung und Ausübung von Gewalt für Recht und Frieden zu sorgen. Die Kirche erkennt in Dank und Ehrfurcht gegen Gott die Wohltat dieser seiner Anordnung an. Sie erinnert an Gottes

---

[168] Allenfalls wird erwartet, dass anderen von der Kirche gesagt wird, wo es langgehen soll. Diese Erwartung haben allerdings auch die unkirchlichen Medien anscheinend immer wieder.

Reich, an Gottes Gebot und Gerechtigkeit und damit an die Verantwortung der Regierenden und Regierten. Sie vertraut und gehorcht der Kraft des Wortes, durch das Gott alle Dinge trägt. Wir verwerfen die falsche Lehre, als solle und könne der Staat über seinen besonderen Auftrag hinaus die einzige und totale Ordnung menschlichen Lebens werden und also auch die Bestimmung der Kirche erfüllen. Wir verwerfen die falsche Lehre, als solle und könne sich die Kirche über ihren besonderen Auftrag hinaus staatliche Art, staatliche Aufgaben und staatliche Würde aneignen und damit selbst zu einem Organ des Staates werden."

Unser Staat hält sich brav an die Teilung von Staat und Kirche. Er ist sogar so brav, dass er bisweilen die Gegenpositionen vertritt, etwa bei der Sonntagsheiligung. Für wirtschaftliche Zwecke nimmt er diese Ordnung zunehmend aus der gesellschaftlichen Wirklichkeit heraus. Wenn wir die Sonntagsheiligung unter anthropologischen Gesichtspunkten betrachten, soll für den Menschen ein Freiraum geschaffen werden, in dem er nicht den Gesetzen der Arbeitswelt unterworfen ist. Diesen Freiraum zerstört unser Staat zunehmend – freilich demokratisch legitimiert. Das gilt auch für die verwandte Thematik „Stille Tage". Das

Totalitäre an diesen Tendenzen ist, dass der Mensch der Wirtschaft zu dienen hat und nicht umgekehrt.

6. „Jesus Christus spricht: Siehe, ich bin bei euch alle Tage bis an der Welt Ende."– Mt 28,20 „Gottes Wort ist nicht gebunden." – 2. Tim 2,9

„Der Auftrag der Kirche, in welchem ihre Freiheit gründet, besteht darin, an Christi Statt und also im Dienst seines eigenen Wortes und Werkes durch Predigt und Sakrament die Botschaft von der freien Gnade Gottes auszurichten an alles Volk. Wir verwerfen die falsche Lehre, als könne die Kirche in menschlicher Selbstherrlichkeit das Wort und Werk des Herrn in den Dienst irgendwelcher eigenmächtig gewählter Wünsche, Zwecke und Pläne stellen."

Das ist der schwierigste Punkt: Prediger sind Kinder ihrer Zeit und müssen sich diesbezüglich immer wieder infrage stellen.

Was wir über die Kirche der letzten beiden Jahrhunderte denken, ist die eine Seite. Andererseits: Wie würden Kirchenmitglieder der letzten beiden Jahrhunderte über uns denken? Die verschiedenen Formen von Lebensstilen von Christinnen und Christen stießen auf mehr als nur Unverständnis. Was würden Verantwortliche und einfach

Mitglieder von 1914 zu den Diskussionen und Beschlüssen in den 70er und 80er Jahren sagen, zu der massiven Kritik an militärischen Doktrinen? Und was sagen die Überlebenden der 70er und 80er Jahre zu den Diskussionen um gerechtfertigte Kriege? Die Stellungnahmen, die Argumente sind immer eingebettet in den gesellschaftlichen Kontext. Es bedarf einer sehr reflektierten Sicht, um sich nicht vom Zeitgeist vereinnahmen zu lassen – und zwar in Pro und Contra. Der verstehende Blick in die Vergangenheit und die Rekonstruktion damaliger Meinungsbildung kann zumindest ein Scheuklappendenken verhindern. Das nannte man einst Ideologiekritik. Der leicht antiquierte Begriff ist immer noch hilfreich. An dem, was in Bonhoeffers intellektuell wie gesellschaftlich hoch positioniertem Umfeld geschah, kann man sich das verdeutlichen.

13.1.6 Der blinde Fleck der Jesus-Verfolgung

In der Barmer Erklärung geht es der Kirche um sich selbst. Das ist legitim. Aber die Autoren verbanden es mit einem Schweigen zu einem der bedrohlichsten Vorgänge: der Verfolgung jüdischer Mitbürger. Was der nationalsozialistische Antisemitismus in der Wirklichkeit bedeutete, ahnten 1934 nur wenige und selbst im Nachhinein entzieht es sich der Vorstellungskraft eines einzelnen Menschen. Wenn wir von der Unvorstellbarkeit der Dimension in den Alltag von 1934 gehen, dann ging es auch innerkirchlich bereits um das Thema „Menschen mit jüdischen Vorfahren in der Kirche" (um es in der milden Ausdrucksweise unseres weichgespülten Jahrzehnts auszudrücken). Elert und Althaus propagierten obrigkeitshörig eine judenreine Pfarrerschaft, so wie die Nazis bereits über einen judenreinen Jesus verfügten[169]. Das Schweigen der Barmer Thesen passt nicht in den Charakter als Kirchenbekenntnis, denn es ging fundamental um die Frage „Wer sind wir" und Paul Althaus hätte Jesus nicht als bayerischen Pfarrer zulassen wollen.[170]

Da es sich bei Barths Theologie um die Christengemeinde innerhalb der Bürgergemeinde handelte, hätte das Eintreten für evangelische Pfarrer mit jüdischen Vorfahren Signalwirkung für die Gesellschaft gehabt. Diplomatenschlangen aber führen gerne in Versuchung: Wir

---

[169] Der in Frankreich aufgewachsene Engländer Houston Stewart Chamberlain, Wagnerfan und -schwiegersohn behauptete, Jesus sei der illegitime Sohn Marias und eines römischen Soldaten gewesen. Nach jüdischem Verständnis ist zwar die Mutter entscheidend für die Zugehörigkeit, aber den Germanen aus Bayreuth und Braunau sind solche Feinheiten gleichgültig.
[170] Inzwischen glaube ich, dass Jesus weder damals noch heute bayerischer Pfarrer hätte werden wollen. Einmal Gethsemane und Golgatha könnten ihm gereicht haben. Anderseits: Es wäre wieder eine Kenosisaktion geworden.

machen dem Staat Zugeständnisse, damit wir in ihm Macht behalten.

Die spannende Frage heißt: Wie stark wäre die evangelische Kirche deutschlandweit gewesen, wenn sie sich 1934 auf den aktiven Kampf gegen den Antichristen eingelassen hätte? Das ist auch heute die Frage: Welche faktische Kraft hat diese Kirche aufgrund ihrer Mitglieder. Hier geht es nicht um Zahlen, sondern um die Bereitschaft, sich gesellschaftlich mit kirchlicher Motivation einzusetzen. Das ist nicht zu lösen von der Frage: Welches Bekenntnis vereint die Mitglieder dieser Kirche? Jeder Gemeindepfarrer, der bei Kasualgesprächen und im Religionsunterricht aufmerksam zuhört, weiß: Das Bekenntnis zu Jesus Christus vereint nur einen Teil, allein schon in kognitiver Hinsicht. Das hat sich nicht geändert, seit Bonhoeffer Pfarrer in Berlin war.

13.2 Der ganz Andere im religionslosen Zeitalter

Karl Barths „Christengemeinde und Bürgergemeinde" ist zwar nicht upgedated, aber immer noch beeindruckend. Gott als „Der ganz Andere" oder vielleicht „Das ganz Andere", bestimmt aber nicht „Die ganz Andere" ist heute die Antithese zu der postmodernen Esoterik oder zur esoterischen Postmoderne. Gott oder das Göttliche selbst erreichen, ist total angesagt. Dabei wird er gar nicht erst gefragt…

Möglicherweise liefen einige religiöse Entwicklungen Ende 19. – Anfang 20 Jahrhundert parallel zu heute. Wie steht es mit den Theosophen? Wie mit Steiners Christologie?

Die Verfügbarkeit Gottes und die Unverfügbarkeit bereits des Namens „JHWH": Heutzutage kannst du dir Geheimformeln in der Bahnhofsbuchhandlung besorgen. Dass das nicht klappen kann, weiß jeder. Aber: Das Wunder bleibt des Glaubens liebstes Kind.

Kritisch lässt sich vor allem die Diktion von Barth sehen: Das Axiomatische ist eben keine Setzung Gottes, sondern des Theologen. In Barths Axiomatik steckt zwar die Wahrheit der Unverfügbarkeit Gottes, aber auch der implizite Widerspruch, dass ich davon nichts wirklich weiß. Das wusste Barth selbst ziemlich gut: Wir können von Gott nicht reden.[171] Aber obwohl er von Gott nicht reden konnte, sprach er von der Offenbarung sehr wortgewaltig.

Von Gott können wir nicht reden, weil er der ganz Andere ist. Das betonten wir gegenüber der Esoterik, wenn

---

[171] vgl L.Wittgenstein und die Sprache. Barth nennt es die unmögliche Möglichkeit.

sie suggeriert, über Gott ließe sich verfügen. Natürlich wird das eingegrenzt und relativiert, aber dann doch praktiziert mitsamt dem immanenten Pferdefuß. Denn in der esoterischen Verfügbarkeit des Göttlichen stecken viele Detail-Teufel[172]. Barth ist tot, aber die Götzen leben... Gott ist unverfügbar, aber...

Am Jahrestag des ominösen Nine-Eleven, der Zerstörung des modernen Turms von Babel, des World-Trade-Centers in New-York las ich in Karl Barths Abhandlungen über die Prädestination: Gott erwählt als Christus den Menschen und der Mensch wird in Christus erwählt. Ganz anders darf in der modernen Esoterik der Mensch sich selbst begnadigen. Das wird nicht gelingen. Wenn aber die Selbstbegnadigung nicht gewählt wird, kommt die Verdammung: Wenn Du Dich selbst nicht begnadet machst, bist Du verdammt: Wenn Du durch Dein positives Denken den Krebs nicht besiegst, bist Du selbst schuld an Deinem Tod... lautet das Credo der Esoteriker und der ihnen geistesverwandten Christen aus bestimmten Zirkeln.

Bonhoeffer behielt mit seiner Vorhersage eines religionslosen Zeitalters nicht recht, aber... im Sinne von Barth vielleicht doch: Unser Zeitalter wurde so archaistisch,

---

[172] Devils Tails

dass Glauben und Religion verwechselt werden, Glaube beliebig wird, Gott damit auch, und Gott „vereinnahmt" wird. Wenn Gott „erreichbar" ist, ist er dann noch göttlich?

Der Rückschlag auf die atheistische Welle nach dem zweiten Weltkrieg ist eine platte Metaphysik des New-Age mit physikalischen Verzierungen und Science-Fiction-Attributen. Papst Benedikt XVI aus dem bajuwarischen Kulturkreis passte im Kontrast zu seinem Nachfolger Franziskus I in die neoheidnische Religiosität, mit Pomp, Autorität und Heiligsprechung.

Die Tiefe Gottes zu erleben bedarf mystischer Erfahrungen. Wer nicht sein eigenes mystisches Göttchen kreieren will, braucht Gottes Realität. Diese zeigte er in Jesus. Christlicher Glaube im Kontext des 21. Jahrhunderts kommt nicht umhin, das „religionslose Zeitalter" der jüngeren Vergangenheit zu realisieren, die Ersatzreligionen wahrzunehmen, Atheist zu werden durch das Ersäufen menschlicher Götter in seinen Gedanken und sich dann wie eine tabula rasa mit Jesus neu beschreiben zu lassen. Heute würde man statt von einer ausgewischten Tafel von Neuformatierung reden und das „Betriebssystem Jesus" aufspielen lassen. Aber auch dies ist nur eine schwache Metapher für das Offensein für den Heiligen Geist Jesu.

14 Statt eines Nachworts: Die Hölle und die Teufel

Diese Geschichte erzählt einer, der tot ist. Er erzählt von einem Erlebnis nach seinem Tod in Nürnberg. Es begann bei einer Seitenstraße beim Justizpalast.

Früher Abend! Vor uns ein repräsentatives Gebäude des Fin de Siecle. Ein Treppentürmchen zierte die Fassade. Eine Schule bester Bauart. Durch ein offenes Fenster im ersten Stock schallten Stimmen: „Unterricht um diese Zeit? Da sind die Kinder doch längst zuhause. Selbst die Lehrer..."

Soll ich mir den Unterricht anschauen? Man lernt nicht für die Schule, sondern fürs Leben. Was gab es nach Unterrichtsschluß hier zu lernen?

Über breite steinerne Treppen stieg ich.

Unauffällig floss ich durch die Klassenzimmertür.

Am Pult stand ein älterer Lehrer. Tiefe Falten zeigten, dass das Leben es nicht nur gut mit ihm gemeint hatte. Andere Falten zeigten, dass er auch zu lachen verstand.

Vor ihm hockte eine Klasse von großen Jungs. Brave Kurzhaarfrisuren, akkurat gescheitelt. Blonde Jungen, wie geklont – keine Mädchen. Adrett in Schuluniformen - eine Form für alle.

Der Lehrer winkte einen Schüler zu sich. Er stakste wie auf einem Kasernenhof. Gut gedrillt verteilte er Blätter „ad personam".

Niemand reagierte auf mich. Freilich konnten die Lebenden mich nicht sehen. Wirklich? Der Lehrer blickte kurz zu mir und beherrschte zugleich die Klasse so klar, dass alle mich ignorierten.

Ja, ich stand in einer toten Klasse. Sie lernte etwas für den Tod. Aber was?

Auf den ansprechend gestalteten Blättern war jedem Schüler ein wohlwollener Satz zugeordnet: „Schön, dass es dich gibt..." „Wie schön, dass du geboren bist, wir hätten dich sonst sehr vermisst..."

In welches Fach war ich geraten? Seine Idee hatte der Lehrer arbeitsintensiv umgesetzt: Jedes Blatt trug den Namen und ein Portrait des Schülers. Mir wurde warm ums Herz: Ein guter Lehrer! Seine Schüler sollten ihren Wert zu schätzen lernen. Auf der affektiven Ebene bedeutete es: sich geliebt zu fühlen...

Die Schüler studierten ihre Blätter. Die jungen Männer reagierten mit einem Lächeln.

Die Hände auf dem Rücken verschränkt schritt der Lehrer durch die Reihen und diktierte: „Du schreibst unter dein Bild: 'Ich bin stolz, ein Deutscher zu sein!'"

Faschismus pur! Neo-Nazis im ewigen Leben? Didaktisch positiv verstärkt?! Ich zwang mich zu Zurückhaltung.

Der Lehrer ließ Pappschilder verteilen, gelocht und mit Schnüren. Die Schüler hängten sie sich um den Hals. Auf allen stand dasselbe: „Deutscher!" Lachend nahmen die Schüler Position ein: Habachtstellung, Hände an der Hosennaht, Schnauze in der Luft, die Rechte bereit zum Hitlergruß. - Das war strafbar. Aber hier, im ewigen Leben? Da gilt das bundesdeutsche Recht nicht.

Der Lehrer dirigierte die Schüler in Zweierreihen: „Marsch!" Sie marschierten um alle Bankreihen bis hinten zur Wand. Die ersten beiden traten an.

„Ausziehen!" Verständnislose Blicke: „Ausziehen!" Befehl ist Befehl. Sie gehorchten, mit einem kurzen Zögern bei den Unterhosen. Erschrockenes Einatmen, starres Schweigen oder verständnisloses Kichern. Nackte Kameraden?!

"Vortreten!" Sie traten vor den Lehrer. Mit großen Augen krächzten sie: „Ich bin stolz, ein Deutscher zu sein."

Er drückte einen Knopf unterhalb der Tafel. Sie verschwanden in der Tiefe. Eine Falltür!

„Weiter!" Seine Stimme ließ keine Widerrede zu. Ausziehen, „Ich bin stolz, ein Deutscher zu sein...", Vortreten, Abstürzen. „Ich bin stolz, ein..." Absturz.

„Vortreten!" Keine Widerrede. Ausziehen „Wie schön, dass du geboren bist!" Vortreten, verschwinden. Wie pervers, wie abartig menschenverachtend!

„Die Nächsten!" Ich tappte zum Pult und lugte durch die Falltüre. Fassungslose Augenpaare blickten aus der dunklen Tiefe zu mir hoch. Unfähig zu begreifen, was mit ihnen geschehen war. Ahnten sie es?

„Stopp!" Der Lehrer unterbrach nüchtern seinen Vernichtungsakt: „Fragen?"

Ich schüttelte den Kopf. „Ich verstehe das nicht... Es begann so positiv!"

Der Lehrer nickte: „Jedes Leben hat positiv begonnen: Ein Ja zur Existenz! Es ist schön, dass es dich gibt!"

„Und dann...?"

„Denk an die dreißiger, vierziger Jahre. Auch bei denen, die als Juden etikettiert wurden und die alle Deutsche waren... bei ihnen hatte das Leben positiv begonnen. Geglückte Zeugung, überstandene Schwangerschaft, das

Kind konnte mit lebensbejahendem Blick hoffnungsvoll in die Zukunft schauen.

Dann kamen welche, die sich Deutsche nannten und andere als Untermenschen verachteten. Sie setzten eine Maschinerie der Entwürdigung, Qual und Vernichtung in Gang. Es waren diese Menschen...!" Er deutete auf die übrigen Schülern, dann senkte sich sein Arm Richtung Grube.

„Jetzt... jetzt erleben diese Menschen **sich** an sich selbst. Wenn sie teuflisch waren, werden sie unter ihrer Teufelei leiden."

„Und warum? Ich dachte, Menschen, die lieben würden ewiges Leben bekommen, die anderen nicht."

„Mein Lieber, das ewige Leben nach dem Tod kann die Hölle sein."

Ich ahnte: „Die Hölle, die schaffe ich mir selbst. Der Teufel, der ich war, hat mich nun in seiner Hand. Auf ewig! - Das ist ja furchtbar!"

Der Lehrer schaute hart: „Nein! Furchtbar war, was diese Menschen mit dem Leben anderer Menschen gemacht haben. Wer in seinem Leben unschuldig leiden musste, darf erfahren, dass dieses Leiden sich an den Peinigern rächt. Dieses Mindestmaß an Ausgleich brauchen die Opfer!"

„Diesen Ausgleich haben sie verdient!" rief ich.

Doch der Lehrer wiegelte ab: „Nein, so edel dürfen wir von den Opfern nicht reden. Nicht jeder, der ein Opfer ist, ist auch ein guter oder liebevoller Mensch. Manche wurden zwar einerseits Opfer, lebten aber ihren Sadismus oder ihre Bosheit an anderen aus."

„So!" die Lehrerstimme klang bestimmend: „Jetzt muss ich weiter machen. Auch der Rest dieser menschenverachtenden Brut soll seine eigene Entwürdigung zu spüren bekommen."

Ich verstand das. Irgendwie tat es mir gut, dass die Täter unter ihrer eigenen Tat leiden sollten.

Der Lehrer rief die nächsten Schüler auf. Sie blickten in die Tiefe: Dieser Blick vernichtete sie ohne Ansehen ihrer Person. Nur weil sie Deutsche waren. Die Hölle für die Arier. Eine echt arische Hölle, selbst konzipiert und geschaffen.

Ich merkte, wie der Raum auf meiner Seite sich füllte und erkannte: Jetzt kommen die Opfer. Hier können sie sich ansehen, wie die Täter unter sich selbst zu leiden haben. Das macht ihr eigenes Leiden nicht ungeschehen, aber es wirkte wie eine Art Ausgleich.

Die Hölle? Das ist dein Leben, das sich gegen dich wendet. Der Teufel? Das bist du, weil du unter deinen Taten zu leiden hast."

Es klang erschreckend, aber ich spürte, dass dadurch etwas in Ordnung kam, dass sich etwas sortierte…

Literatur

Bonhoeffer, Dietrich, Widerstand und Ergebung
Bonhoeffer, Dietrich, Gemeinsames Leben
Bonhoeffer, Dietrich, Finkenwalder Vorlesungen über Seelsorge (GS V, Seminare – Vorlesungen – Predigten 1924-1941, Erster Ergänzungsband, hg.v. E. Bethge, München 1972,
Bethge, Eberhard, Dietrich Bonhoeffer
Felde, Irmelin, Zur Gültigkeit und Aktualität der Finkenwalder Vorlesungen über Seelsorge in: Klein, Geist, Bonhoeffer weiterdenken… S.137ff.
Pejsa, Jane, Mit dem Mut einer Frau,1996
Zimmerling, Peter, Bonhoeffer als Praktischer Theologe, 2006 S.138ff.

Facetten von Dietrich Bonhoeffer